MANAGEMENT DEVELOPMENT | 経営教育研究

企業経営の
フロンティア

Frontiers in Business Management

日本経営教育学会編

VOL 7

学文社

執 筆 者

齊藤　毅憲　　横浜市立大学（第1章）
小嶌　正稔Ⓡ　東洋大学（第2章）
宮下　清Ⓡ　　東京都立短期大学（第3章）
青木　崇Ⓡ　　東洋大学大学院（第4章）
石毛　昭範Ⓡ　早稲田大学大学院（第5章）
小野瀬　拡Ⓡ　東洋大学大学院（第6章）
金　在淑Ⓡ　　日本大学大学院（第7章）
高　子原Ⓡ　　九州産業大学大学院（第8章）

（執筆順，Ⓡは査読論文）

企業経営のフロンティア

企業経営のフロンティア

目　次

1　経営学をいかに考えるか　　1
  1　本論の主たる目的　　1
  2　医学と経営学の関係性　　1
    （1）両科学の共通性……1／（2）"医師は講演を行わない"……2／（3）コンサルティングの重要性……3
  3　事例研究の重要性　　4
    （1）「個別企業」の経営への照射……4／（2）"小さなちがい"を大切にする経営学……5／
  4　経営学の特徴としての「主体的な実践性」　　6
    （1）「経営する」という志向性……6／（2）経営の意味としての「つくる」……8／（3）同時併存性とバランスの重要性……9
  5　経営における成功の意味　　10
    （1）「慣性的経営」からの脱却……10／（2）経営における成功……11
  6　「大企業中心の経営学」の克服　　12
    （1）経営学者のステレオタイプ……12／（2）スモール・ビジネス経営学の構築……13／（3）研究対象の拡大と研究の充実へ……14
  7　アメリカナイゼーションを越えて　　15
    （1）「アメリカナイゼーション」の経営学……15／（2）ジャパナイゼーションへの再期待……15
  8　おわりに　　16

2　競争優位の源泉としてのアメニティ　　17
  1　はじめに　　17
  2　産業構造の変化の再認識　　18
  3　アメニティ概念　　19

（1）公共財的な概念としてのアメニティ……19／（2）非価格競争としてのアメニティ……21
　4　アメニティ・リソース（amenity resources）　　　　　　23
　　　（1）競争優位の源泉としてのアメニティ……23／（2）機能リソース……24／（3）社会心理的リソース……26
　5　アメニティ・イノベーション　　　　　　　　　　　　　27

3　組織内プロフェッショナルを生かす人材マネジメント　33
　1　はじめに　　　　　　　　　　　　　　　　　　　　　　33
　2　組織内プロフェッショナルの存在意義　　　　　　　　　34
　　　（1）新興プロフェッショナルの生成……34／（2）組織内プロフェッショナルとは……35／（3）組織内プロフェッショナルの専門性……36
　3　人材マネジメントの変化　　　　　　　　　　　　　　　37
　　　（1）専門性の重視……37／（2）人材マネジメントの変革……38／（3）職務知識・能力の評価……38
　4　人材マネジメント変革の企業事例　　　　　　　　　　　39
　　　（1）カシオ計算機……39／（2）日本ロシュ……40／（3）ニチレイ……41
　5　まとめ　　　　　　　　　　　　　　　　　　　　　　　42

4　コーポレート・ガバナンスと経営者問題　49
　1　はじめに　　　　　　　　　　　　　　　　　　　　　　49
　2　コーポレート・ガバナンスの問題提起　　　　　　　　　50
　　　（1）コーポレート・ガバナンス問題の所在と背景……50／（2）コーポレート・ガバナンスの本質と目的……52
　3　コーポレート・ガバナンスの形態　　　　　　　　　　　56
　　　（1）コーポレート・ガバナンス形態と企業概念……56／（2）英米型コーポレート・ガバナンス……58／（3）欧州大陸型コーポレート・ガバナンス……60／（4）日本型コーポレート・ガバナンス……62
　4　日本型コーポレート・ガバナンスの問題点　　　　　　　64

（1）日本企業におけるコーポレート・ガバナンス問題……64／（2）日本企業における責任と所有の問題……66／（3）日本企業におけるコーポレート・ガバナンスの選択と実践……67／（4）日本企業における経営者実践……69

　5　米国型コーポレート・ガバナンスの問題点　　　　　　　　　　　70
　　　（1）米国企業におけるコーポレート・ガバナンス問題……70／（2）米国企業の不祥事と経営者問題……71／（3）米国企業の経営者問題と機関投資家……72

　6　おわりに　　　　　　　　　　　　　　　　　　　　　　　　　74

5　報酬としての企業内移動　　　　　　　　　　　　　　　　　　79

　1　はじめに　　　　　　　　　　　　　　　　　　　　　　　　　79
　2　企業内移動の意義　　　　　　　　　　　　　　　　　　　　　79
　　　（1）企業内移動の三つの方向……79／（2）昇進の意義……80／（3）水平方向への移動の意義……81／（4）中心方向の移動の意義……81
　3　報酬としての企業内移動　　　　　　　　　　　　　　　　　　82
　4　企業内移動における昇進と中心方向への移動の実態
　　　　――金融機関の例　　　　　　　　　　　　　　　　　　　84
　　　（1）分析対象・分析方法……84／（2）分析結果……85／（3）本節のまとめ……93
　5　むすび　　　　　　　　　　　　　　　　　　　　　　　　　　93

6　ベンチャー企業の発展における企業家の意思　　　　　　　　　97

　1　問題の所在　　　　　　　　　　　　　　　　　　　　　　　　97
　2　ベンチャー企業における企業文化の特徴　　　　　　　　　　　98
　　　（1）ベンチャー企業と企業家……98／（2）小規模企業における企業文化……100／（3）ベンチャー企業に特有の文化要因……101
　　　（4）第2のビジネスに対する意識……101
　3　企業家の意思　　　　　　　　　　　　　　　　　　　　　　102
　　　（1）企業文化における企業家の影響……102／（2）企業家の意思と従業員

　　　　の意思……102／（3）企業家の意思の強力化……103
　　4　事例研究　　　　　　　　　　　　　　　　　　　　　　103
　　　　（1）ベンチャー企業の成否……103／（2）成功の事例……104／
　　　　（3）失敗の事例……105
　　5　ベンチャー企業における企業文化要因の変容モデル　　　107
　　　　（1）変容モデル……107／（2）数，力の強さ，矢印……107／
　　　　（3）時間経過……108
　　6　ベンチャー企業の企業家に対する課題　　　　　　　　　　109
　　　　（1）二つの課題……109／（2）急成長の終焉を予測した上での文化変容
　　　　……110／（3）革新的ビジョンの従業員への伝達……110
　　7　むすび　　　　　　　　　　　　　　　　　　　　　　　　110

7　韓国の企業統治改革に関する分析　　　　　　　　　　　　115
　　1　はじめに　　　　　　　　　　　　　　　　　　　　　　　115
　　2　韓国財閥の所有・経営構造の特徴　　　　　　　　　　　　116
　　3　韓国の企業統治問題　　　　　　　　　　　　　　　　　　118
　　　　（1）理論的考察……119／（2）危機以前の企業統治問題……122
　　4　企業統治システムの改革　　　　　　　　　　　　　　　　123
　　　　（1）改革の経緯……124／（2）改革の主要内容……124
　　5　改革の実態と問題　　　　　　　　　　　　　　　　　　　128
　　　　（1）改革の実態と問題……128／（2）改革に対する評価……133
　　6　おわりに　　　　　　　　　　　　　　　　　　　　　　　134

8　台湾における産業空洞化　　　　　　　　　　　　　　　　139
　　1　はじめに　　　　　　　　　　　　　　　　　　　　　　　139
　　2　本稿の論理的立場　　　　　　　　　　　　　　　　　　　140
　　3　台湾におけるマクロ経済の現況と産業構造の変化　　　　　144
　　4　研究概要とその考察　　　　　　　　　　　　　　　　　　146
　　　　（1）調査過程と分析方法……146／（2）海外生産シフトの現状の度数

分布……146／（3）因子抽出……148／（4）相関関係……151
5　考　察　　　　　　　　　　　　　　　　　　　　　　　　　　153
　　（1）市場獲得・拡大に関する要因……153／（2）市場競争・相互提携に関する要因……154／（3）生産要素に関する要因……155
6　おわりに　　　　　　　　　　　　　　　　　　　　　　　　　155

1 経営学をいかに考えるか

齊藤 毅憲

キーワード
コンサルティング　事例研究　主体的実践性
メイクとクリエイトの思想　大企業中心の経営学の克服

1 本論の主たる目的

「経営学をいかに考えるか」そして「経営学とはどのような特徴のものなのか」というテーマに接近することが，本論の主たるねらいである。このテーマへの接近は，本学会の目的である経営教育のあり方や経営学の実践性の解明に貢献するものがあると考えている。なお，本論は筆者のこれまでの経営学の研究と教育活動のなかから得られたもののサマリーでもある。

2 医学と経営学の関係性

(1) 両科学の共通性

経営学は医学にたとえることができる。医師はプロフェッション（専門的職業）の代表的な事例であるが，経営者もマネジメント・コンサルタントもプロフェッションであり，専門的な知識と実践的な経験が必要な職業になっ

ている。つまり，両者は，ともにすぐれた実践（プラクティス）を行うことが求められている。

また，現代の医学は研究分野が専門化し，総合病院の診療科目にみられるように，細分化が進んできている。これと同じように，経営学の研究分野も専門化が進展し，多様性によって特徴づけられている。それによって，経営学は確実に発展を遂げてきた。

もっとも，この専門化によって意図とは逆に研究対象のトータリティは把握しにくくなっているかもしれない。これは医学にも経営学にも共通している。専門化した医学は，全体としての人間の身体を見えなくしている。他方，複雑かつ多様な側面をもつ企業経営に対応すべく，経営学も専門化し，多様化の道を進んできたが，専門化した立場からは全体としての企業経営を見えづらいものにしている。

さらに，両科学を身につけた人材は，すぐれた実践を行うだけでなく，各種の先進技術に支えられたり，または駆使して活動している。そして，患者や顧客などのクライアントのニーズに対応しなければならない。ここにも両者の共通性がみられている。

（2）"医師は講演を行わない"

筆者が近年感じていることに，医師は患者の診断や治療に専念しており，多くの人びとの集まる場で講演などを行わないというのがある。これと同じことは，経営学にもあてはまるものと考えている。すなわち，経営者も日々経営実践を行っており，大成功を収めた人間でもないかぎり講演を行いたいとは思っていないであろう。そして，「売れる商品づくりで業績を顕著にあげても，それは長く続かず，私は自分が成功した経営者とは思っていない」と発言する人間が筆者の周辺にもいる。逆にいうと，講演などに時間を使うことは，本業をおろそかにしてしまうことになりかねないのである。

さて，経営学者の場合には，この問題はどのようになるのであろうか。知識の創造にかかわる経営学者は，自分たちのつくった知識や関連する情報

を，講演などだけでなく，著述など各種の媒体を使って，経営実践を行っているとか，将来行おうとしている人びとに対して積極的に提供しなければならない。その意味では"経営者は講演をあまりしないが，経営学者は積極的に講演を行う必要がある"といえる。

　しかし，近年，筆者は講演を行うときには，次のことに留意する必要があると考えるようになっている。経営実践にたずさわったことのない若い学生の場合は別にしても，経験を積んだ経営者の集まりなどで話す場合には，それぞれの経営者の主な関心やニーズとおかれている環境条件が異なっていることに注意しなければならないということである。経営学者が創造にかかわったり，他人のつくったもののなかで自分が影響を受けた知識や情報をそのような人びとに対して話すことはごく当然であるが，それを聞く経営者の反応は，いま述べたことから考えると，さまざまになるのである。

　講演の話の内容がもっともであり，納得できると考える人びとがいる一方で，自分の関心やニーズに応えていないとして，ネガティブに受けとめる人びとも結構多いのである。話をする側からすれば，経営者それぞれの主な関心やニーズを意識したり，想定していない場合や，そうすることができない場合が一般的であるので，そのようなネガティブな反応がでるのも容易に理解できることである。

　そして，そのような反応を示すような質問を受けることがある。要するに，「私の関心やニーズには応えていない」というのである。また，それぞれの経営者のかかえる個別的かつ具体的な問題への回答を求められることが多かったのである。

（3）　コンサルティングの重要性

　このようなことに直面してわかってきたことは，講演には限界があるということである。つまり，講演といった場での一時的かつ短時間の対応は，経営者に満足を与えるものには決してなっていないのである。そして，これに応じるものとして，コンサルティングが重要であると考えるようになった。

コンサルティングとは，経営者に直接コンタクトをとり，経営者の主な関心やニーズとおかれている環境条件をしっかり聴取し，そのうえで問題点を分析し，解決策を提案するという姿勢とスキルを意味している。このコンサルティングこそが，経営者に満足を与えるものとなる。そして，それは医師が日々患者に対して行っている活動と基本的に同じものなのである。

　経営学の父であるテイラー（F. W. Taylor）の貢献は，経営（マネジメント）を科学として生誕させただけでなく，マネジメント・コンサルタントのパイオニアとして，「プロフェッション」にしようとしたことにあった。テイラーはみずからを「コンサルティング・エンジニア」（顧問技師）と称したが，まさにこのコンサルティングが経営学にとっては決定的に重要なのである。このことはしっかりとうけとめる必要がある。

　もっとも，筆者にとってコンサルティング活動の経験は，それほど多いものではない。また，学生時代にそれを訓練されることも，教授されることもなかった。しかし，学生とのコラボレーションや行政での委員会活動を通して，コンサルティング能力の向上を徐々にはかってきたと思っている。そして，これからの経営学者にとっては，コンサルティング活動を行えることが不可欠なのである。

3　事例研究の重要性
（1）「個別企業」の経営への照射

　経営学にとってコンサルティングが決定的に重要であると述べたが，それは個別企業に関心を払い，その経営に照射していかなければならないことを意味している。医師は，一人ひとりの患者を診察し，その症状に対応した医療を施している。それはまさに「個別性」によって特徴づけられている。そして，コンサルティングも，この個別性を特徴としている。

　一つひとつの企業をたんねんに調べあげていくという姿勢や態度が，なによりも大切である。しかし，調べるだけでなく，問題点とその原因を発見し，さらに解決策を提案することが求められる。これによって個別企業の経

営がもっている特徴や今後の方向性が明らかにされなければならない。

アメリカの経営学では，このような事例研究は，ケース・スタディやケース・メソッドの名で重視されてきたことは周知のとおりである。そして，本文型中心の教科書にも"Text and Cases"などのサブタイトルがつけられているように，事例研究の要素がとり入れられているのである。

わが国でも「ケースに（で）学ぶ経営学」というたぐいの教科書が出版されるようになり，事例研究への志向がはっきりとあらわれてきた。筆者の立場からいうと，これは望ましいことであり，いっそう推進されなければならない。

（2）"小さなちがい"を大切にする経営学

このような個別企業の経営に照射するという作業のなかで，経営学は経営実践に関する"小さなちがい"を大切にしていることに注意する必要がある。経営学は経済学とちがって，企業経営のミクロ分析であり，個別企業の経営を顕微鏡を使って，そのディテールを明らかにしていく科学である。

そこで重要となるのは，他企業と比較して明らかにされる経営上の共通性とならんで，異質性とか，多様性の発見である。経営学者は，一方で，前者を求めることで知識の創造にかかわるわけであるが，他方で，後者の経営上のちがいを見つけだすことも必要になる。しかも，この小さなちがいに意を注いでいかなければならない。

企業の業績向上や成功には，この小さなちがい，つまり「小異」が作用しているかもしれないからである。他社と比較してちがいがはっきりしているならば，多くの人びとはそれに気づき，そのインプリケーションを明らかにしようとする。しかし，小さなちがいは見逃され，その意味が明らかにされないというおそれがある。

同じ業種の企業であれば，同じように経営していることは確かである。しかし，それでも企業ごとに経営は少しずつ微妙にちがっていると考えなければならない。同じ業種であるから，まったく同じ経営を行っているというの

は，経営学の考え方ではないのである。

また，かつて経営の日米比較の研究が盛んに行われた。そして，日本は集団主義で，アメリカは個人ベースの機能主義である，などの多様な分析が展開され，大きな成果をあげてきたことを認めなければならない。それらによると，経営は確かにその属する国や地域の文化と無縁ではなく，"カルチャー・フリー"とはいえないことがわかる。

しかし，経営の異質性とか，多様性を重視するという立場からいえば，日本企業もアメリカ企業もその経営はかなりのバリエーションのなかで行われているとみなければならない。要するに，経営は"カルチャー・バウンデッド（文化に制約される）"であるとしても，個別企業の経営はさまざまであり，微妙にちがっているのである。

いずれにしても，経営学は，「個別企業」の経営に照射し，異質性や多様性をとり扱うという姿勢をもたなければならない。

4 経営学の特徴としての「主体的な実践性」
（1）「経営する」という志向性

経営者団体の新年の賀詞交換会などに出席したときの経験である。経営者は「先生，今年の景気はどうなるのでしょうか」と筆者に質問するのである。このようなときに，筆者は複雑な気持ちに陥ることがあった。そのひとつの理由は，「私は経済学者ではなく，経営学者なので，その質問にはしっかりとは答えられません」といわざるをえないからである。しかし，これでは経済学と経営学のちがいを十分に認識していない実務家にとっては，あまりにもそっけない回答である。

だが，もうひとつのことを私は考えていた。それは，「この経営者は『経営する』とか『経営を行う』という考え方が少し弱いのではないか。景気が良くなると，会社の業績が向上するとでも思っているのではないか」というものである。そして，このように会社の業績が悪いことを景気のせいにする経営者に出会うと，経営学者としては，「経営する」とか「経営を行う」と

いう前向きの考え方が不足しているのではないかと思うのである。

確かに，景気が全般的に良くなることで，自社の売上高が上昇したり，生産高が増加すると考えたくなるのは，それほどまちがってはいない。しかし，景気の回復がそのまま自社の業績向上に結びつくと考えることはできない。また，そのように本当に考えているとすれば，その経営者はオプティミストの典型というべき人間になると考える。

経営学の立場からいえば，景気は各種の環境のなかのひとつの要素であり，とりわけ経済的な環境の重要な要素のひとつであるが，個別企業の経営への影響を識別するには，その会社へのコンサルティングと景気にかかわるマクロ的な経済分析を行う必要がある。また，当該企業の経営や業績には，他の別の環境要因のほうがインパクトを与えているという場合も確実にある。

さらにいえば，「このような発言を行う経営者には『経営する』とか『経営を行う』という前向きな考え方が不足している」という思いにかりたてられるのである。経営学の立場でいうと，経営者は"万能"ではなく，おおむね環境とその激しい変化に対応しながら活動しているが，このような環境に対して積極的に働きかけることもできると考えている。このような考え方からすれば，経営者は景気の善し悪しにかかわらず，自分の企業を良好に経営し，景気が悪くても会社の業績をそれなりに維持したり，向上させることが可能なのである。

経営者は，この「経営する」とか「経営を行う」という志向性をもたなければならず，経営学は「主体的な実践性」をその前提にしている。筆者のいう主体的な実践性とは，経営者は"万能"ではないが，きびしい環境のなかでもみずからの力でその経営を切り開いていくという実践を行うこと，あるいはそのような実践を行うような志向性をもつことを意味している。要するに，それは，「景気は悪いが，なんとかしよう。あるいはなんとかしなければ」という考え方である。

（2） 経営の意味としての「つくる」

　経営学は，経営者の「主体的な実践性」を前提として，「経営する」とか「経営を行う」という前向きな考え方が根底にある。それによって，経営は無限に創造し，発展する。筆者は，ここ10年来，この主体的な実践性の特徴を「つくる」という日常用語で示してきた。

　経営の定義には多くのものがあるが，筆者は「つくる」ことに，その意味を求めてきた。これにはふたつのものがあり，そのひとつは企業がつくる対象も，そのつくる方法もすでに決まっているのが「メイクの思想（コンセプト）」である。経営者としては，つくるべき製品やサービスが決まっているだけでなく，そのつくり方も確立しているので，できるだけ能率的につくるように工夫したり，努力することが大切になる。企業にとっては，現在の主力の製品やサービスをいかに能率的につくり，そして売りこむかは，業績の向上を左右し，経営の安定化を支えるものとなる。経営学を生み出したのは，このメイクの思想であり，「能率的」あるいは「生産性」や「経済性」という言葉で示されてきた。

　しかし，現代の企業はメイクの思想のほかに，もうひとつの「つくる」を必要としている。企業をとりまく環境が激しく変化するなかでは，現在の主力商品の能率的な生産や販売だけにこだわる経営をとることはできない。

　技術が革新されて，主力製品を支えている技術が陳腐化してしまうかもしれない。そして，消費者のニーズはうつりやすく，経営者は消費者の高度化し，細分化したニーズへの対応を誤ってはならない。また，競争関係は潜在的な競争相手を含め，きびしくなっている。

　このような状況のもとでは，企業は現在の主力商品に依存し続けることはできず，研究開発への投資を行って，新しい製品やサービスの開発に向かわなければならない。これがのもうひとつの「つくる」である「クリエイトの思想」であり，「創造性」や「革新性」がこの思想を支えている。それは，つくるべき製品やサービスも，そのつくり方も決まっていないが，創造性を発揮し，新しいものを創り出していくという革新を意味している。

（3） 同時併存性とバランスの重要性

　環境の変化が少なく，変化があっても経営者にとって予測可能な場合には，メイクの思想を中心とした経営を展開することができる。しかしながら，変化が激しく，予測が困難になると，経営者はクリエイトの思想のほうを重視するようになる。

　そうしなければ，企業は生き続けることができなくなる。ドラッカー（P. Drucker）の主張によると，クリエイトの思想を重視して企業が生き続けることを「有効性」（effectiveness）といい，他方，メイクの思想が実現されている経営の状態は「能率」（efficiency）ということになるが，現在の変化の状況のもとでは，クリエイトの思想が重視されている。

　しかし，そのようなときでも，メイクの思想は重要である。確かに新しい製品やサービスの開発を行うことは求められているが，それは既存の主力製品を能率的に生産し，販売し，業績をあげ，その一部を新しい製品やサービスの開発にふり向けることによって可能になるのである。したがって，現代の企業経営は，メイクとクリエイトのふたつの矛盾する思想の「同時併存性」（ambivalence）のうえに成り立っている。

　もっとも，ふたつの思想のバランスをどのようにとるかは重要であって，それはそれぞれの企業ごとに異なっている。サイモン（H. A. Simon）によって「ことわざ」（proverb）にすぎないとされ，その有用性がきびしく批判された経営の原則が経営学の成立以来つくられてきた。そのなかには，"タイミングが大切である" などとともに，"バランスをとることが不可欠である" という原則もある。

　そして，サイモンの批判があるとしても，筆者はこの原則の有用性を主張したいと考えている。もっとも，そのバランスはすでに述べてきたコンサルティング活動を経てからとられるものであり，個別企業の異質性や多様性を重視する観点からいうと，バランスのとり方は企業ごとに異なってくるのは当然の帰結である。かくして，経営者にはこのようなバランスをうまくとっていこうという考え方が必要であり，それは「主体的な実践性」の一面にな

る。しかも、それは企業が生き続けることを可能にするものとなる。

5 経営における成功の意味
(1)「慣性的経営」からの脱却

　経営学は主体的な実践性を特徴としていると述べた。それは別の観点でみると、経営者は「現実感覚」をいっそう磨いて、環境の変化をできるだけ早く認識しようとするとともに、自社へのコンサルティングを行い、それをふまえて自社の方向性を定めたり、見直してその実現に向かっていかなければならないことを示している。これは、「経営する」とか「経営を行う」ことでもある。しかも、この主体的実践性の発揮によって、経営は無限に発展することになる。筆者はこれを「経営無涯」と名づけている。

　ところが、現実の企業経営には「慣性」とか「惰性」ともいうべき状況も、はびこっている。慣性や惰性とは、環境からのインパクトを受けないかぎりは、存在するものはそのもっている状態を変えていかないという性質をさしているが、主体的な実践性を備えた経営者であれば、上述したような対応をとることになる。しかし、多くの経営者はこのような主体的な実践性の持ち主のあとを追いかける、いわば「慣性的経営」を行っている。このタイプの経営者の場合、「経営する」とか「経営を行う」という考え方に少しでも立つようになれば、この慣性的経営から脱却できると考えている。

　しかしながら、一部に環境のインパクトが明確に存在していても、経営実践を変えようとしない人びともいる。この人びとは、(a) 主体的な実践性にまったく欠けており、経営に無頓着であるか、(b) 主体的実践性を発揮して、思った以上に経営に成功を収めたために、これまでの経営実践にこだわっているか、のいずれかであるように思われる。

　いずれにせよ、環境が激しく変化する状況が、今後も続くであろう。そうであるなら、慣性的経営から脱却することが求められる。そして、それは主体的な実践性を発揮することで可能となり、これにより「経営無涯」が実現していく。

（2） 経営における成功

「失敗の研究」がかつて話題になったことがあるが，経営にとって「成功」（サクセス）とは，なにを意味しているのであろうか。不振の状態にある企業にとっては，それを打開するようなブレークスルーを行い，活性化を実現すれば，それは成功といえる。そして，これらの事例は枚挙にいとまがない。また，順調に経営を続けている企業が，さらに業績を向上させたとすれば，それも成功といえるであろう。

さて，"医師は講演を行わない"というところでも引用した「売れる商品づくりで業績を顕著にあげても，それは長く続かず，私は自分を成功した経営者とは思っていない」という経営者の発言は，経営にとって成功とはどのようなものか，を教えてくれる。

前述したように，成功に一時的に酔って，これまでの経営実践にこだわりをみせる人間も確かにいるが，経営の成功はそれほど長くは続かないといってよい。「山高ければ，谷深し」の言葉が示すように，景気や相場が良くなれば，必ず悪くなるのと同じように，企業の業績にも波風があり，変動するのが常である。

また，スモール・ビジネスが大企業になるには，規模拡大のための多くの成功が必要であり，これをなしとげることは実際のところむずかしい。そして，"タイミングが大切である"という原則もうまく働かなければならない。したがって，"町工場から世界的な大企業へ"と成長するのは，企業としては例外的な存在であり，主体的な実践性を発揮しても，企業はそれほど大きくならないものなのである。

そして，企業の大多数を占めるスモール・ビジネスに限定してみても，成功には，いくつかのステージや意味がある。個人が起業し，ある商品を売りだしたとしよう。まず最初の成功とは，顧客をみつけ，商品のセールスができることである［(a)］。しかし，現実にはこれはなかなかむずかしい。そして，顧客が見つかれば，次にはコストを上回る売上高を獲得できることである［(b)］。これによって，採算がとれ，新しい成功となる。だが，コスト

を上回る売上高を獲得し，利益らしいものがでても，少しでも手を抜くと，再び顧客を見つけなければならないステージに逆戻りしてしまうのである。

　もっとも，採算のとれる状態が比較的長期にわたって続くと，短期の年次経営計画を策定して，能率的な商品の生産と販売を行おうとするようになる［(c)］。これにより，経営の構造化や制度化もはかられる。しかし，それは大企業の長期経営計画や経営戦略の立案以前のステージである。しかも，セールスがうまくいかなくなると，再び前のステージに戻ってしまうおそれがある。

　おそらく小さな企業の経営は，これらの (a)，(b)，(c) の間を行きつ戻りつしつつ，企業としての生き残りを懸命にはかろうとしているとみることができる。そして，成功をたえず続けることは，ほとんどありえないのである。うまくいかず挫折することは必ずあるといってよい。成功と挫折はコインの表と裏であり，成功したからといって手離しで喜んでいるわけにはいかない。先の経営者の発言は，まさにこのことを示している。

　要するに，(a)，(b)，(c) の間を行きつ戻りつするとは，成功と挫折を繰り返すことであり，これを行いながらなんとかうまく経営を続け（サクシード），企業として生き残っていくことが成功（サクセス）の意味となる。そして，つらい挫折や失敗に耐えるとともに，それを「生きた経験」に変えていくことが，経営者には求められる。つまり，大変な思いをしたことをそのあとの経営の糧にしなければならない。

6　「大企業中心の経営学」の克服

(1)　経営学者のステレオタイプ

　だいぶ変わってきてはいるが，経営学者が主に研究している企業は，依然として「大企業」である。研究対象としての大企業は，経営学者がいまだもっているステレオタイプ（固定観念，偏見）のひとつである。20世紀の初頭に誕生した経営学は，ビッグ・ビジネスの経営問題をとり扱ってきたので，経営学者のイメージしているのは，当然のこととして大企業である。

大企業を「典型的企業」として想定してきたために，経営学の教科書はスモール・ビジネスにはあてはまらないような，誤解を招く説明を行ってきた。前述したように，長期経営計画とか経営戦略は，短期の経営志向をもっているスモール・ビジネスの分析にはなじまないものといえる。起業時には，顧客の発見が重要であり，そのあとは採算をとることであり，短期の経営計画の策定はさらに次のステージのものである。スモール・ビジネスに経営戦略があるとしても，それは大企業の意味とは異なっている。

それだけでなく，教科書によく書かれている「所有と経営の分離」や「管理階層の３分化」（トップ・マネジメント，ミドル・マネジメント，ロワー・マネジメント）などは，大企業の分析結果であり，スモール・ビジネスにおいては，それとはちがい，「所有と経営の結合・一体化」や「管理階層の未分化」（ミドルやロワー・マネジメントの分化はなく，経営者と従業員が直接接触している）などになっている。また，教科書では民主型や参加型のリーダーシップの有効性が主張されることが多いが，スモール・ビジネスではむしろトップ・ダウンのワンマン型が一般的なのである。

これらの教科書の説明がいまだにみられるにつけても，経営学者は大企業を主な研究対象にしている。

（２）　スモール・ビジネス経営学の構築

わが国の企業のほとんどがスモール・ビジネスであり，そこで経営したり，仕事をしている人びとが大多数であることを考えると，スモール・ビジネスのための経営学を構築することは，経営学の社会的意義や存在理由を高めるうえでも重要である。しかし，この経営学の構築には，これ以外の理由がある。バブル経済崩壊後，既存の中小企業の活性化とならんで，ベンチャー・ビジネスの振興や起業支援がわが国のいわゆる「国是」となっている。そして，地域経済の主な担い手であるスモール・ビジネスの不振が続いてきた。

これらに対応するためには，スモール・ビジネスの経営学が必要である

し，これに関連して，それぞれの地域のスモール・ビジネスへのコンサルティングを経営学者はいっそう推進すべきである。その際，留意しておかなければならないのは，大企業とスモール・ビジネスとの間には「経営上のちがい」があるということである。すなわち，両者の経営は異なるものであって，大企業の経営のほうがスモール・ビジネスの経営よりもすぐれていると考えるべきではない。

"町工場から世界の大企業へ"という企業成長論の考え方を単純に信じているとすれば，スモール・ビジネスの経営に対する大企業経営の優位性を主張できるかもしれない。しかし，そのような企業成長は，すでに述べてきたように，例外的なものであり，両者はそれぞれに適合した経営をつくっていると考えるべきである。

そして，もうひとつ重要なことは，主体的な実践性を大学などの具体的な経営教育の場で教えこんでいくことである。わが国では企業（とくに大企業）に「雇用されて働く人びと」の育成に力点がおかれすぎて，「経営する」とか「経営を行う」という考え方をもつ人間を育ててこなかったのではないかと筆者は反省している。したがって，スモール・ビジネス（ベンチャー・ビジネスを含む）の経営学の構築にあたっては，このような人間の育成についても十分に考慮する必要がある。

(3) 研究対象の拡大と研究の充実へ

経営学の貢献は，企業だけに限定されるものではないということを再確認し，研究の充実をいっそうはかっていくことが求められている。筆者はここ15年ほど横浜市や神奈川県などで行政課題（行革，教育・福祉，男女共同参画，産業や商店街の振興，現業部門の民営化やアウトソーシング，都市開発，NPOとのコラボレーション，公務員の人事・能力開発など）の検討に関与する機会を多く得てきた。そこで実感してきたことは，経営学の知見の適用範囲がきわめて大きいということである。そして，そのことから，経営学はその研究対象を拡大するだけでなく，それらに積極的に貢献していかな

ければならないと思うようになってきた。

バブル経済崩壊の影響は，現在，行政の組織に強く押し寄せており，行政の経営はまさにきびしいチャレンジングな状況にある。「経営」は企業だけでなく，行政組織の問題でもあると考えている。そして，各種の行政課題の検討を通じて，企業，行政組織，NPO，市民（生活者）の経営のあり方を認識するようになった。そこで，これらの経験を研究の成果に今後まとめていかなければならないと思っている。

7 アメリカナイゼーションを越えて

(1) 「アメリカナイゼーション」の経営学

経営学はおおむね"メイド・イン・アメリカ"であり，とくにテイラー以降，アメリカ製のものである。したがって，日本を含む工業先進国の企業経営は，アメリカナイゼーションのもとにあったといってよい。わが国も第二次世界大戦後，アメリカナイゼーションの圧倒的な影響を受け，アメリカ経営学を継続的に学習してきた。かくして，アメリカでつくられた理論や技法の輸入が盛んに行われ，日本の経営学は発展してきたのである。

ところで，二度にわたるオイル・ショックにも耐えた日本的経営の力強さは，とくに1980年代には世界の注目を浴びることになった。そして，日本企業を支えた日本的経営の強さは，当時流行した「エクセレント・カンパニー」（超優良企業）論と結びつき，日本型の経営モデルは経営学のパラダイムの歴史のなかに，その位置を印すことになった。

これは，経営学の歴史のなかではきわめて特筆すべきことであった。もっとも，1990年代に入ると，バブル経済はもろくもはじけてしまい，日本企業はエクセレント・カンパニーの座から降りることになる。そして，再びアメリカナイゼーションの影響を受けている。

(2) ジャパナイゼーションへの再期待

1980年代にみられたジャパナイゼーションと日本企業の力強さは，再来

するのであろうか。本論で述べてきた主体的実践性を重視し，個別企業の異質性や多様性の立場からいうと，この議論に直接かかわることはできない。とはいえ，日本的なもの，あるいは東洋的なものが，わが国の個別企業にも内包されている。そうであるならば，議論にかかわることはできるであろう。

　筆者による近年の「やさい経営学」(新ほうれんそう [報知・連携・創造性]，だいこん [代表・懇切な対応]，なす) の主張のなかでいうと，「な」(Knowledge, 知識)，「す」(Skill, 仕事の熟練) が日本企業の力強さの再来に役立つであろう。つまり，高度な知的資産の蓄積・活用と，働く人びとの将来にわたる仕事の遂行能力の維持が重要となる。なお，筆者は21世紀の企業経営においては日本的なもの，あるいは東洋的なるものが価値をもつようになると考えているが，これについては別の機会に論じてみたい。

8　おわりに

　以上，2世紀目に入ったばかりの経営学のあり方と課題を，われわれが主に活動している日本の企業経営や筆者の経験などを意識しながら述べてきた。終わりになるが，本論が本学会の会員諸氏の参考となることがあれば幸いと思っている。

〈参考文献〉　本論に関係する筆者の主な文献（1990年代以降）
齊藤毅憲編（1993）『新次元の経営学』文眞堂
――編（1995）『革新する経営学』同文舘
――編（1995）『経営学エッセンシャルズ』中央経済社
――編（1997）『組織と人的資源の経営学』税務経理協会
――編（2002）『経営学を楽しく学ぶ』(ニューバージョン) 中央経済社
――・他著（2002）『個を尊重するマネジメント』中央経済社
――・他著（2002）『グローバル時代の企業と社会』ミネルヴァ書房
――編（2003）『経営学の構図』学文社
――・他編（2004）『経営学のフロンティア』学文社

2 競争優位の源泉としてのアメニティ®

小嶌　正稔

キーワード
アメニティ経営　競争優位　イノベーション
アメニティ・リソース

1 はじめに

　競争優位の源泉が大きく変化しつつある。産業構造の変化は新たな段階を迎え，規制緩和の進行は確実に競争環境を変化させた。そして人口構造の変化，新しい消費者ニーズ，情報技術（IT：information technology）の急速な進歩と普及は，社会そのものを変える原動力として認知され，このなかで企業は新たな競争優位の源泉・競争手段を模索している。

　わが国の経営に関するイノベーションの焦点は長い間，合理化や効率性におかれ，効率性をもたらすイノベーションが競争優位の源泉とされてきた。しかし社会構造の変化は，それらを競争優位の主源泉から，源泉の一つへと転換させたことから，新たなイノベーションの源泉が求められている。[1]

　本稿は，こうした環境変化のなかで，組織が競争優位を獲得し，維持する上で不可欠なイノベーションの源泉の一つとしてアメニティ（amenity）に着目し，アメニティを基礎としたビジネスモデル（business method）の優位

性について考察する。

2 産業構造の変化の再認識

　市場環境の変化は既存のビジネスシステムとの間に乖離を生み出し，企業家はその乖離をイノベーションの機会として活用することで，革新的なビジネスモデルを生み出してきた[2]。すなわち革新的なビジネスモデルは，市場環境の変化をイノベーションの機会にかえ，企業発展の原動力としてきたのである。ドラッカー（P. F. Drucker, 1997, pp. 52-53）はイノベーションを生み出す機会として，産業構造の変化，人口構造の変化，新しい知識の出現などを挙げているが，企業はまさしく，これらの環境変化と対峙している[3]。

　企業が事業戦略を構築する前提となる産業構造レベルの変化としては，第1に，1970年代半ばに始まり，30年を経過して新たな段階に入ったサービス経済化があげられる[4]。しかし，この産業構造の変化は理解されているものの，はっきりと意識されているとはいえない。この意識の慣性（inertia）は，具体的には開業率・廃業率の逆転現象の議論などでみることができる。非一次産業の開・廃業率は91年以降逆転しているが，その主原因は製造業における開業率の急落にあった。製造業を除けば，それ以外の商業・飲食，運輸通信，サービス業では逆転現象はみられず，サービス業においては開業率が廃業率を大幅に上回る状況が続いている（『労働経済白書』（2002）第8-6図，p. 参70）。それゆえにこの開・廃業率の逆転の主な原因の一つは，産業構造の変化（経済のサービス化の進行）にあるにもかかわらず，経済の沈滞がことさらペシミスティック（pessimistic）に語られ，景気の回復がこれも解決するという意識すら見え隠れし，社会的・経済的な構造変化は十分に意識されているとはいえない。さらに少子高齢化によってもたらされる人口構造の変化，そして1990年代から急速に進んだコンピュータ・ネットワークなどの新しい知識ツールの出現などがインフラストラクチャーを変化させ，これらを基礎に人びとの勤労観，生活観，そして購買意識を含めた社会・経済的な変化が着実に進行している。

これらの変化は既存のビジネスモデルが提供してきた製品，サービス，そしてニーズに代表される市場環境との間にギャップを生み出し，競争優位の源泉・競争手段の変化を導いている。それゆえこの変化の中で生まれたイノベーションの機会を捉え，「新しい価値」を生み出すビジネスモデルが求められ，それを追求する企業家（起業家）が必要とされているのである。

3 アメニティ概念
（1） 公共財的な概念としてのアメニティ

アメニティ（amenity）は，19世紀半ばから20世紀初頭の英国で生まれた，生活環境の快適性の総体を示す公共財的な概念である。

英国では，18世紀後半から始まった産業革命によって急速に都市化が進行したことにより，都市環境の悪化が社会問題化した。この悪化した環境に対するアンチテーゼ（antithesis）として，アメニティが都市社会学的な側面から追求された。代表的な例としては理想都市を追求したR.オーエン（Robert Owen）であり，具体的に田園都市（庭園都市，garden city）構想を実行したE.ハワード（Ebenezer Howard）である（丸尾，1980，pp. 23-25）。

E.ハワードの田園都市構想は，都市と田園の長所を兼ね備え，均衡のとれた生活都市を提唱したものであり，ロンドン郊外の田園都市・レッチワースに結実した。このことから環境概念としてのアメニティは，改善すべき状況，劣悪な環境に対する対極的なものとして存在する「あるべき環境（should）」を示すものであった。そして1950年代までの英国におけるアメニティは，中流階級の出現と成熟化社会を背景にした生活の質を志向する考え方であり，「近隣構成の同質性に基づく物的な環境の快適性」に焦点があった。その代表的な考え方がミシャン（E. J. Mishan）の「分離施設（separate facilities）」であった（丸尾，1980，pp. 23-25）。その後1960年代以降になると，この快適性の対象は，物的・社会的な環境総体の質の向上に向けられ，公共財としてのソーシャル・アメニティが中心となっていった（熊谷，1980，pp. 169-172）。

一方,わが国においてアメニティという概念が使用されたのは1962年の厚生省報告書「新産業都市における都市環境の造成」であった(デジタル平凡社『世界大百科事典』第2版2刷)。そしてこの概念が注目を集めたのは1977年のOECD環境委員会報告書からである[8]。このOECDの報告書は,公害問題の克服に取り組んだ日本の環境政策を評価した上で,公害対策を超えた新しい環境政策概念としてのアメニティを課題として提示した。この報告書が出された1977年は,わが国においてサービス経済化がスタートしたとされる年であり,アメニティ概念は,英国同様に成熟社会・経済のサービス化とともに登場した[9]。

　わが国における用語としてのアメニティの受容状況を確認するために,代表的な時事用語辞典である『現代用語の基礎知識』(自由国民社)における用語としての取り扱いを確認する。用語としてのアメニティは,居住空間の参照項目で1977年に登場した[10]。この年は,石原慎太郎環境庁長官が最年少大臣等の話題とともに登場したこともあり,環境問題に注目が集まった,石原長官は,環境行政のキャッチフレーズとして「まほろばとアメニティ」を打ち出し,これによってアメニティは一挙に流行語となった。翌1978年に大平正芳内閣の政権構想の核の一つとして「田園都市構想」が打ち出されると[11],用語としてのアメニティは「都市アメニティ」に重心を移した[12]。その後,アメニティは,1985年に最新重要語コラムに「都市アメニティ」として登場した他は,ほぼ同様に項目の一つとして扱われた。1993年には用語の扱いが縮小したが,94年に都市アメニティとして再登場し,96年に再びアメニティのみに戻り,98年に姿を消した。しかしこの20年間においてアメニティ=快適さ,という用語の意味はきわめて広く認識されるものとなった[13]。このようにわが国のアメニティ概念は,公害などの社会悪的なもののアンチテーゼとしてではなく,よりよき環境,環境の質的改善への取り組みを示唆した公共財的な概念からスタートし,20年間で一般的なものとなった。

（2） 非価格競争手段としてのアメニティ

わが国の経営（競争）環境のなかでアメニティが認識され，追求されたのは1970年代末からであった。高度経済成長のなかで各企業は，同質の製品をもって大量生産，大量販売，マス・コミュニケーションによる競争を，成長を続けるマス市場において繰り広げていた。強い需要が存在する間は適度な（実質）価格の下落はそのまま市場を拡大させたが，市場拡大の逓減から，競争の焦点は製品差別化へ進んだ。しかし製品差別化競争は製品機能の追加を中心とし，多機能化競争の継続は結果的に，多機能が消費者の機能認知可能範囲を超えることで，製品差別化の意味を喪失させた。

製品差別化による競争の限界が認識されると，次に競争は市場細分化へと向かっていったが，この戦略も大半の製品・サービスにおいては，一つひとつのマス製品の利益機会を分散するだけの非効率な分裂型市場を形成しただけで，利益を十分にもたらす専門化市場まで開発できたものは少数に留まった（コトラー，2001，邦訳 p.353）。たとえば，消費者ニーズの多様化に対応して多品種少量化が進められたが，その製品数はもはや消費者の選択能力を越えると思われるアイテム数まで増加していた。当時の多品種少量化の状況を示すと，冷蔵庫のラインアップ（1989年の4月調査）は，国内5社で113アイテムあり，テレビは主要9社で269アイテム（1989年4月調査），自動車では77車647種もあった（小嶌，1990，pp.50-55）。このようにどこまでも消費者ニーズを追求しようとする姿勢は，分裂型市場を決定的にした[14]。

本来ならば，一つの戦略の行き詰まりは価格競争を誘発する圧力となるが，わが国ではその圧力は，価格でなくサービス競争に向かわせた[15]。このサービス競争のなかで，競争コンセプトの一つとして「アメニティ」が登場した。このことから，当時のアメニティは価格競争の代替としての性格を強くもつ競争手段の一つであった。それゆえにアメニティは，顧客の快適さを追求する活動であるにもかかわらず，顧客を出発点にするものでもなければ，価値を中心とするものでもなかった。

しかし1980年代半ばから規制緩和・国際化が進展すると，国内企業・国

内市場のみを前提とし，価格競争をタブー視する企業間競争はもはや不可能となった。高価格の維持は，低価格を武器とする新規参入者に参入機会を与え，新規参入者との競争は価格低下をもたらした。結果として，消費者に対する高価格の説明材料であった高サービス・高機能が，省機能・省サービスとの競争で次つぎと放棄されたことは，高価格・高サービスが，過剰サービスや過剰機能という側面を少なからずもち，消費者の価値認識を十分反映したものではなかったことを示した。この競争はアメニティ提供の原資を喪失させ，サービス（アメニティ）の維持を困難にし，結果的に価格の下落とともに，今度は逆に一斉にサービスの削減（簡素化）・コスト競争へ向かっていった。このことからこの段階のアメニティは価格横並びを前提にした競争手段に過ぎず，価格競争が単に姿を変えたという性格を強くもっていた。

具体例としては，わが国の航空産業の競争を挙げることができる。国は，基幹産業である国内航空産業を育成（保護）するために，事実上，競争を排除する政策を採った。それは日本航空に国際線と国内主要幹線，全日空に国内主要幹線，主要ローカル線，国際チャーター便，日本エアシステム（東亜国内航空）にローカル線というように市場を分割し，基本的にダブルトラッキング（double trucking）を避ける方法で競争を排除し，さらに各社が経営を維持できる水準で運賃が決められた。価格競争が排除され，一種のセーフティネットが存在する以上，すなわち基本的に価格が同一であること，コスト高や収益の悪化は，そのまま運賃の値上げによって賄われる仕組みがあり，しかも将来にわたって市場が拡大することが確実視されるなかでは，顧客獲得競争の焦点はサービスにあった。

1986年から政策変更が始まり1990年代に入ると，規制緩和によって割引運賃の多様化，各社の市場境界を越えた拡大が可能となり，1996年には幅運賃制度が導入された。さらに1998年に北海道国際航空（Air Do）とスカイマーク航空という2つの新規業者が参入すると，今度は競争の前面に価格が出た。高サービス・高価格の大手航空会社は，省サービス・低価格を武器にした新規参入者に対し，価格によって積極的に対抗した。2000年2月に

運賃が自由化されると，この競争は幹線を中心にますます激しくなり，サービスの削減などコスト競争に向かっていった。これらの事例は，アメニティの追求が実際には価格競争の代替の側面を強くもっていたことを端的に示したものであった。

4 アメニティ・リソース（amenity resources）

（1） 競争優位の源泉としてのアメニティ

経営におけるアメニティとは，量とか価格などの効率優先志向に対するアンチテーゼの側面を強くもつと同時に，購買から消費までの過程を対象に，総合的でより高次元な満足の上に成立するものである。これは公害問題の解決が環境アメニティの実現でないのと同様に，アメニティはゼロ（プラスでもマイナスでもない遂行）という次元よりも高位に存在する。それゆえにアメニティの獲得と維持には特別な手段と特別な努力を要し，他社が達成できないアメニティの実現は確固たる競争優位の源泉となる。またアメニティを効率概念に対する概念として捉えた場合には，アメニティは，単なる規模の拡大など量的な拡大を意味するものではなく，質的変化を焦点とする。それゆえに概念としてのアメニティは，より「完全な状態」の存在を前提に前進的上向運動するものであり，目的論的な性質を強くもっている。[16]

従来のアメニティ概念は，機能的品質だけでなく情緒的品質，心地よいサービスを含む快適な買い物空間までを包括するものとして捉えられ，バリアフリーに対するユニバーサルデザインと同様にマイナスもしくはゼロからプラスへの一方向のベクトルとして捉えられてきた。[17] しかし比較可能な価格差の発生とともに，アメニティを構成するアメニティ・リソースの方向性が，消費者の状況（TPO）によって変化するようになると，もはやアメニティ・リソースの方向性はプラスへの一方向に限定されるものではなく，品質的最低属性を下限，アメニティを上限とした双方向的な概念と捉える必要がでてきた。[18] さらにアメニティ・リソース（amenity resources）の組み合わせから総合的に導き出される概念であるアメニティは，プロトタイプ的にハード・

ソフトといった単純な二元論（dualism）に捉えたり，双方向に限定したりするものではなく，以下で述べるように条件適合的な概念となった。

アメニティ・リソースには，購買者の購買時点における購買目的から導き出されたリソースとして，機能（functional resource），価格（financial resource），時間（time resource），そして社会心理的（socio-psychological resource）の四つがあり，それらは目的と同様に独立した存在ではなく，相互に関連性をもったリソースである[19]。しかも多くの場合，リソース間にはトレードオフの関係がある。たとえば突然雨が降り出した場合など，とにかく傘が必要な場合には，核機能（雨にぬれないようにする）を重視し，通常購買活動で重視するその他の機能（デザイン，ブランド，色，撥水性などの機能）に目をつむったり，価格への感度が鈍ったりすることを指している。それゆえにアメニティが競争優位の源泉であるためには，明確な戦略のもと，一貫した活動のなかに統合され，具現化されなくてはならないのである（ポーター，1999, 邦訳 pp. 98-109）。次の2項ではアメニティ・リソースのうち，機能と社会心理的なリソースについて詳述する。

（2）機能リソース

ここでいう機能的リソースとは，購買する製品やサービスの品質に関するリソースである[20]。品質はさらに技術品質（technical quality），機能品質（functional quality）そして適合品質に分類することができる。ここでいう技術品質とは，物的財の場合は製品のもっている技術的性能（specification）であり，サービス財の場合は，そのサービス財の提供に使用される機械やそれを提供する従業員を含むサービス提供のシステムである。そして機能品質とは技術品質がいかに顧客にデリバリーされるかに関する品質である（バロン・ハリス，1995, pp. 240-241）。また適合品質とは技術的性能に合致している程度を表し，通常，物的財の場合は均一に保たれるが，サービス財の場合は均一性を維持することが難しい（コトラー，2001, p. 358）。

現在，機能品質に対する認識において，供給者と消費者の乖離が多く指摘

されている。豊富な購買経験を積んだ消費者は，自らの品質基準をクライテリア（criteria）としてもっているが，均一品質のもとで完全にプリセリング（preselling）されたと認識する供給者・購買代理者（小売業者）は事実上，消費者の選択機会を奪っている。アメニティの実現には，顧客が自らの基準と状況に合わせて，納得して選ぶことが重要であるが，品質に対する両者の認識の乖離がそれを妨げているのである。

これをガソリン販売においてみると，ガソリンはほぼ全量が国内の製油所において生産され，しかもその品質は規格品として確立している。このように品質保証がされた規格品でありながら，精製・元売系列から仕入れるナショナル・ブランド（national brand）製品と業者間転売製品 no brand 製品）の間には，大半の期間，常識で許容できるブランド料を越える価格差が存在している。それゆえ一部の販売業者は，激しい価格競争への対抗のため，系列製品に系列外製品を混ぜ合わせ，ブランド製品として販売している。この調達行動の前提には，石油製品の販売業者が，国内で流通している製品は，国内製油所で生産された規格品で品質格差はない，消費者はブランドによって購買先を選択しないという認識がある。[21]しかし実際には，精製・元売業者によって「品質の格差がある」とする消費者が45％も存在し，「差があるとは思わない」（32.6％），「分からない」（22.3％）を大きく上回っている。同様に，購買行動においても「知らないブランドのガソリンスタンドは不安」と感じる消費者は60.7％にも達している。元売のブランド価値についても，販売業者が1〜2円と認識しているのに対し，消費者の「知らないブランドの店を利用しても良いと思う価格差」は5円以上が75％を越えている（石油情報センター，2000）。これは明らかに消費者と販売業者の品質認識における乖離であり，販売業者の安易な系列外製品の混入は消費者の不信の大きな原因となる可能性がある。

同様に「電動鉛筆削り」の大半は，ビニールなどで包装されるか，個装された状態で販売されている。このような販売方法が行われているのは，「鉛筆削りの鉛筆を削るという基本機能についてはどのメーカーも大きな差はな

い」という認識を前提としている。鉛筆が適切に削れるという基本機能には差がないとしても，鉛筆を削り終わった後のブレーキ（空回り）などの感触にはメーカーごと差がある。消費者は実際にはこの格差を認識しながら，実際の購買時にはほとんどの場合，その機能を比較することができない。このことは，機能認識において，消費者とメーカー・販売業者の間に乖離が発生していることを示している。

　すでに述べた通り，機能と価格は通常はトレード・オフにあり，時間的制約は機能や価格の要因を弱める。社会心理的な購買の場合には価格リソースは機能品質ほど重要とされないし，緊急性のある購買には時間リソースがすべてに優先するなど，各リソースはアメニティの実現においてトレード・オフの関係にある。

　しかも各リソースは双方向のベクトルとして存在する。たとえば，時間的リソースは，購買の日時的制約から緊急性という消費者のおかれた状況によって異なる。一般的には，コンビニエンスストアやキオスクのように時間を節約する業態は滞留時間が短ければ短いほどアメニティは高まるが，時間を消費する場合には滞留時間の保証がアメニティを創出する。このように，リソースの双方向性は各リソースのトレード・オフを伴い，戦略的一貫性の必要性を高めるのである。

（3）　社会心理的リソース

　社会心理的リソースとは，アメニティの根幹たる快適性，心地よさ（comfortable）をリソースとするものである。すでに述べたようにアメニティは，基本的には構成の同質的性質に基づく快適性を出発点としていた。

　成熟社会における構成員は多種多様なニーズをもち，そのニーズは時として反するものとなる。たとえば，桜の花見を例に説明すると，花見の楽しみ方の両極端は，静かに花見を楽しみたい人と，花見はきっかけで羽目を外して酒宴を楽しみたいと思っている人であろう。この両者を同一施設で同時に満足させることは不可能であり，楽しみ方によって分離すれば，毎年花見の

名所で繰り返される目的の違いによるトラブルは回避できる。これが同質性に基づく快適性を焦点にした分離施設の基本的な考え方である。

同様に,「各人の内的秩序をおかさないような外的秩序を確立する試み」(丸山,1980,p.25)である田園都市レッチワースは,現在では同質的価値観に基づく快適性をもとめてつくられる要塞町(fortress community, gated community)にみることができる[22]。これは価値観が多様化した社会においてアメニティを確保するには,同質的な性質に基づく快適性が求められていることの例である。

また他方では,異質な個人もしくはグループとの接触を避ける動きも見られる。かつては家事の外部化である外食消費などが急成長したが,現在ではサービスの家庭内化も同時に進行している。これはかつての映画の楽しみが,テレビに置き換わり,再びホームシアターに置き換わるようなサービスの家庭内化を指している。このリソースは,恣意的な消費ほど購買決定時において大きな比率を占めると同時に,顧客満足の鍵ともなるリソースである。

5 アメニティ・イノベーション

顧客の価値観の変化,規制緩和などの社会的・経済的な変化は,産業構造に変化をもたらすとともに,従来の競争優位の源泉・競争の方法を無効にしつつある。とくに「物」を対象に「所有」を前提にした効率化のイノベーションは,環境変化のなかで競争優位の源泉から前提に変化した。さらに効率化のイノベーションの基礎は,競争を前提とした製品差別化(競争の中和)や戦略的オリジナリティを前提していたが,その多くは,自社の旧製品よりも素晴らしい新製品といった自社を基準にした製品改良(差別化)など,基本的に組織の内側に向いたイノベーションであった。それは,効率化の許容範囲が大きかった時点では有用であっても現在では,もはや競争優位とはなりえない(ポーター,1999,邦訳 pp.68-69)。

その中で消費者ニーズは,消費者の個人的な属性だけでなく,おかれてい

る状況によって容易に変化するため，消費者ニーズを唯一の拠り所とした戦略はもはや効果的ではない。すなわち，経営存在にとって環境適応（この場合は消費者ニーズ）が不可欠であることは前提として変わることはないが，環境変化のままに経営存在が「漂流」することは許されない。それゆえに環境自体を自己に適応させる主体性が重要な課題となる（加藤，1997, p. 43）。この環境に対する経営体の二面性は，「戦略が新しい現実を創り出す」[23]という主体的な解決をもとめる。このように経営体の二面性をアウフヘーベン（止揚：Aufheben）する戦略の構築がイノベーションの源泉の鍵となる。それゆえに経営体の環境への適応と変化要因が埋め込まれたアメニティ・リソースは，経営体の主体性を基礎にした戦略策定のリソースとして有効であり，「より完全な状態」を前提とし，目的論的な性質を強くもつアメニティ概念は新しいイノベーションの源泉となりうるのである。

〈注〉
1) 本稿において使用している効率とは，「ある製品・サービスを提供する企業が，所定のコストのもとで，最高の技術とスキル，経営手法，調達した投入資源を用いて生み出し得る最大の価値である生産性のフロンティア」（ポーター，1999, p. 70）へ向かって進むものであり，同じ投入資源から他社より多くの成果を生み出すか，もしくはより少ない投入量で同等の成果をあげるなどの，投入と成果から算出されるものである。ビジネスシステムの優劣の判断基準の視点からみれば，効率性は「同じ価値あるいは類似の価値を顧客に提供できる他のビジネスシステムと比べて経済効率がよいか」（伊丹・加護野，2003, p. 8）であり，「ビジネスシステムから商品，サービスを受ける顧客にとって大きな価値があると認められる」という有効性の基準と対する概念である。
2) ここではビジネスシステムを，「戦略から行動，特徴までのビジネスシステム全体」として捉え，ビジネスモデルを，「新事業創造やイノベーション，新規性・進歩性をもったビジネス・メソッド」と区別して使用している。
3) これ以外にドラッカーの示したイノベーションを生み出す機会は，予期せぬことの生起（予期せぬ成功，予期せぬ失敗，予期せぬ出来事），ギャップの存在，ニーズの存在，認識の変化である。

4) 産業別就業者数によってサービス経済化の状況を確認すると，サービス業が商業・飲食業を上回ったのが91年であり，製造業を上回ったのが94年，そして商業・飲食業が製造業を上回ったのが96年であった。このようにサービス業の就業者は一貫して増加する一方，製造業の労働力人口は93年より，商業・飲食業においても2000年より減少し始め，わが国の産業構造のサービス化は，90年代後半から新たな段階に入っている（『労働経済白書』，2002，第4表-1，p.303）。
5) アメニティ概念は，丸尾直美（1980，pp.20-32）において的確にまとめられている。
6) 渋沢栄一は，E.ハワードの田園都市構想を輸入して，1918年に田園都市株式会社（1928年に東京急行と合併）を設立し，田園都市構想に基づき現在の田園調布，洗足，大岡山（東京都大田区）を作った。また，東京急行は現在でも多摩田園都市構想を進めている。ハワードの田園都市の日本への影響については，東，風見，橘，村上（2001）を参照のこと。
7) アメニティという用語は，通常よりも良好で優れたものという意味でも使用されている。たとえば病院の差額ベッドは amenity bed という。
8) 環境庁は，1976年11月に開催されたOECD環境委員会における「日本の環境政策レビュー会議」の討論資料として『日本の環境政策』を作成した。これは『日本は快適か』『OECD環境レポート』との三部作の一つ。
9) ガボール（D. Gabor）は，「成熟社会を価値の多元化する社会であること，物の生産からサービスの生産—特に生活の質を改善するサービスの供給—が重要になっていく」社会としていた（丸尾，1980，pp.20-32）。
10) 居住性（amenity）とは「住宅の構造，仕上げ，設備，間取り，デザイン，周囲の環境および社会的条件まで，特に経済性を超えたすべての点についての便利さや快適さをいう。経済成長に伴う公害問題は，この居住性（アメニティ）を考えなかったことにあるといわれている。」（『現代用語の基礎知識 1977』）
11) まほろばとは「すぐれたよい所，国の意で，「大和は国のまほろば」と景行紀にある。古い言葉だがこれを再登場させたのは石原慎太郎環境庁長官。福田内閣の最年少大臣になるや「日本の若い人がこの国をまほろばと呼べるようにしたい」と述べた。まほろばとアメニティ（生活の快適度）が石原環境行政の二つのキャッチフレーズ。古語と英語の二刀流といわれた。」（『現代用語の基礎知識　1977』）
12) 田園都市構想とは「大平正芳首相（1978-80）の政権構想の柱としての国づくりの理念だったもの。首相は「都市の持つ高い生産性と，豊かな田園の

自然とを高次に結合させ，健康でゆとりある田園都市ネットワークを全国的に展開する」と述べて，高度成長が終り，物質的繁栄よりも，精神的ゆとりを求める時代がきたという認識に立っていた。国民は誰でも都市の生活の便利さ，活気と自由な雰囲気に憧れるが同時に緑豊かな田園的環境にも憧れる。都市と田園の一体化である。この思想の背景には地方の時代・文化の時代といった国民的認識が高まっているからである。具体的には地方の自主性や地方文化を尊重しつつ，人口二〇～三〇万の田園都市を育成する。この構想は従来の各省の広域市町村圏（自治省），地方生活圏（建設省），定住圏（国土庁）などと発想は同じだが，これは地域的な理念を示したものである。鈴木内閣になっても，この理念は受けつがれている。」（『現代用語の基礎知識 1982』）

13) 現在では，アメニティという用語は，住宅産業において，快適な住環境とそれを実現する住宅部品として使用され，ホテル業界では客室の備品をアメニティと呼んでいるなど，用語としてのアメニティの使用方法は広がっている。

14) 多品種化の要因としては，①ニーズの多様化に対応する商品機能の多様化，②消費者の学習効果からくる多様化，③競争による多様化，④チャネル政策からの多様化がある（小嶌，1990，pp.50-55）。

15) わが国では，行政指導までを含めると，多くの業界でさまざまな規制が行われていた。これらの規制は業界の横並び意識の醸成に重要な役割を果たした。結果的に競争の焦点は非価格競争・サービス競争に向かった。

16) この前進的上向運動や目的論的な性質は，加藤（1997, pp.44-45）が成長概念に対する発展の概念として示したものである。また加藤は，この上向運動の性質を説明するのに，A. N. ホワイトヘッドの「三重の衝動」を使用している。すなわち三重の衝動とは，(1) 生きること (2) よく生きること，(3) よりよく生きることであり，「その衝動は単なる受動的環境適応ではなく，終わり無き目的に向けての環境に対する積極的働きかけであって，（中略）環境依存性のみならず，人為的構成物としての経営体のデザインにかかわる目的論的性格を持つ」(加藤, 1997, p.47))としている。

17) バリアフリーとは，障害などによってもたらされるバリア（障壁）に対処することを基本にした考え方であり，一方，ユニバーサルデザインとは，ノースカロライナ州立大学のロナルド・メイスによって提唱された，「できるだけ多くの人が利用可能であるように製品，建物，空間をデザインすること（ユニバーサルデザインコンソーシアム，http://www.universal-design.co.jp/what_ud/what_ud.html）」という概念である。日本人は日本にいれば基

本的には言語的に不自由はないが，これが中国やフランスなど旅行した場合には，大半の人が逆に言葉の壁にぶつかることになる。骨を折るなど怪我をした場合にも同様であり，誰もが一時的に何らかの障害をもつことは多々あり，バリアの発想の原点が両者では異なる。

18) 購買の考慮集合に残るための備えていなくてはならない最低の属性のこと。
19) この四つのリソースは，R. Bauer の知覚されたリスク（perceived risk），Roselius の四つの loss（time loss, hazard loss, ego loss, money loss）の概念を基礎にしたもの。
20) 「品質とは，明示的，あるいは暗示的なニーズを満たす能力のある製品またはサービスの特徴と特性を総合したものである。」（コトラー, 2001, p. 78）
21) 実際に石油製品は効率的な物流を実現するために，精製・元売間で積極的にバーター，製品融通が行われている。しかし石油製品の商標は，製品そのものに主張されているのではなく，商標を使用した販売にあるため，精製・元売の製品の物流・流通経路と商標の取り扱いは別個に考えられるべき製品である。
22) 現在米国では周囲を塀で囲み，外部から分離した高級住宅街（要塞町）が2万ヵ所以上ある。規模の大きな要塞町のカリフォルニア州のコトデカザ（Coto De Caza）は1万3千人以上の人が暮らしている。コトデカザの詳細については http://www.aboutcoto.com/。
23) 神戸大学石井淳蔵氏の第53回日本商業学会全国大会における「マーケティング・クリエイティブを求めて」の配布レジュメより引用。

〈参考文献〉
伊丹敬之・加護野忠男（2003）『ゼミナール経営学入門』日本経済新聞社
厚生労働省（2002）『労働経済白書』（平成14年度版）日本労働研究機構
快適な環境懇談会事務局（1977）『日本は快適か』日本環境協会
加藤勝康（1997）「経営発展の意義とその基礎過程」『経営発展論』文眞堂
ガボール, D., 林雄二郎訳（1973）『成熟社会―新しい文明の選択』講談社
環境庁（1977）『日本の環境政策』(財)日本環境協会
熊谷彰矩（1980）「環境の質とアメニティ」丸尾直美・熊谷彰矩編著『質の経済学―アメニティ社会の実現』同文舘 pp. 165-191
コトラー, P., 恩蔵直人監修（2001）『コトラーのマーケティング・マネジメント ミレニアム版（第10版）』ピアソン・エデュケーション

小嶋正稔（1990）「多品種化の小売業に与える影響」『産能短期大学紀要』第 23 号　pp. 49-71
石油情報センター（2000）『石油製品流通におけるブランド意識調査』
中小企業庁『中小企業白書』（各年版）　ぎょうせい
ドラッカー, P. F., 上田惇生訳（2002）『ネクスト・ソサエティ』ダイヤモンド社
ポーター, M. E., 竹内弘高訳（1999）『競争戦略論Ⅰ』ダイヤモンド社
ハワード, E., 長素速訳（1981）『明日の田園都市』鹿島出版会
バロン, S. & ハリス, K., 沢内隆志他訳（2002）『サービス業のマーケティング』同友館
東秀紀・橘裕子・風見正三・村上暁信（2001）『「明日の田園都市」への誘い—ハワードの構想に発したその歴史と未来』彰国社
丸尾直美（1980）「量の経済学から質の経済学へ」丸尾直美・熊谷彰矩編著『質の経済学—アメニティ社会の実現』同文舘　pp. 18-64

3 組織内プロフェッショナルを生かす人材マネジメント®

宮下　清

> **キーワード**
> 組織内プロフェッショナル　知識社会　ホワイトカラー　専門性　職務能力評価　人材マネジメント　人材のプロフェッショナル化

1 はじめに

　工業化社会から新たな産業社会への転換がみられる1960年代を前に，ドラッカー（Drucker, 1954）はアメリカ企業における「専門家的な従業員＝プロフェッショナル・エンプロイー（professional employee）」の存在を指摘した。従来の管理職や労働者と異なる能力や役割をもつ人材として，プロフェッショナル・エンプロイーを見出し，その存在意義を示した。企業組織での仕事は製造現場での作業から，ホワイトカラーによるオフィスでの職務に移行し，そこでは知識が重要になることをドラッカーは予見していた。

　日本企業では，1970年代に専門職が普及したが，専門性を純粋に評価するより，処遇面での運用が多く，管理職の副次的な存在に留まっていた。アメリカ企業におけるプロフェッショナル・エンプロイーのような専門人材は日本では管理職と一体化され，それらを区別する必要性が希薄だったと思わ

れる。しかし，1990年代になると，情報技術が急速に進展し，グローバルビジネスの影響がトップから組織全体に及び，国際競争への対応は緊急かつ不可欠な課題となった。情報技術と国際競争は職務の高度複雑化をもたらし，その結果として高い専門性をもつ人材が必要となった。知識社会に移行しつつある現在，知識が経営における競争優位の源泉となり，ホワイトカラーにも最先端の知識や高度な専門性が求められるようになった。

以下，第2節で伝統的なプロフェッショナルから産業革命以降，企業組織に生じてきた新興プロフェッショナルについて概観し，「組織内プロフェッショナル」の要件と専門性を論じる。次に第3節では，組織内プロフェッショナルの生成など人材のプロフェッショナル化を背景に，専門性や職務能力評価の重視など人材マネジメントの変化を明らかにする。第4節では，組織内プロフェッショナルを育成，活用している企業事例として，カシオ計算機，日本ロシュ，ニチレイ各社の人材マネジメントの変革を概観する。最後に第5節では，組織内プロフェッショナルを生かす人材マネジメントについてのインプリケーションを明確にして，本稿のまとめとする。

2 組織内プロフェッショナルの存在意義

(1) 新興プロフェッショナルの生成

伝統的なプロフェッショナルとは，産業革命以前から存在する職業（プロフェッション）に従事する職業人のことであり，聖職者，弁護士，医師などがその代表とされる（Freidson, 1986）。一方，科学技術の発展が産業化をもたらし，そこから新しいプロフェッショナルが生じてきた（Elliott, 1972）。このような新興プロフェッショナルには技師，会計士，ジャーナリスト，マーケティング担当，経営コンサルタントが該当すると考えられる。

1950年代の日本において，ホワイトカラーには多くの社会的階級層が混在しており，その中にプロフェッショナルの存在（青沼，1959）が主張されていた[1]。近年では日本のホワイトカラーのキャリアは，一つの領域内で形成され，専門的であるとの主張[2]やアメリカのシンボリック・アナリスト

(Reich, 1991) に相当する人材は、日本では大企業や官庁の組織の中に体化しているとの主張がみられる[3]。

国際競争や情報技術が急速に進展する現在、大企業などの組織には医師・弁護士など伝統的なプロフェッショナルの職務に比肩しうる高度複雑な職務が生じている。専門性が高く、自己管理に適した職種については、就業時間や就業形態をフレキシブルにした裁量労働制が認められ、組織内プロフェッショナルの存在が社会的に認められつつあるといえよう[4]。

(2) 組織内プロフェッショナルとは

本稿における組織内プロフェッショナルとは、「企業など組織に雇用され、職務に対する主体性と専門性をもち、組織の中核として評価される人材」（宮下, 2001）と考えられ、プロフェッショナルとしての高度な専門性を有し、大企業、官庁など組織に所属する人材を想定したものである。組織内プロフェッショナルは、職務に関する高い知識・能力という専門性と、職務やキャリアでの主体性をもつとともに、担当職務の第一人者とされ、職務遂行の中核となるプロフェッショナル人材なのである[5]。

組織内プロフェッショナルとして認定されるためには、その職務がプロフェッションの要件を満たしている必要があると考えられる。しかし、長期教育によって獲得した理論や知識、倫理的規範や専門職業団体の存在など英米でのプロフェッションの要件（Carr-Saunders, 1933；Mills, 1951；Greenwood, 1957；Kornhaouser, 1962；Wilensky, 1964；Elliott, 1972；Freidson, 1986）をそのまま適用するのではなく、経営環境や社会背景の違いを勘案した上で、組織内プロフェッショナルの要件は検討されるべきであろう。

従来より、日本には専門職制度が存在したが、処遇面から設置されることが多く、組織内プロフェッショナルのように主体性のあるキャリアや組織の中核人材という位置づけにはならなかった。またスペシャリストやエキスパートは専門分野で卓越した知識や技能を有する人材とされるが、限定的で特殊な領域や該当組織の固有な能力であり、やはり周辺職務を遂行する存在に

留まっていた。

1990年代以降は，事例にある先駆的な企業に留まらず，プロフェッショナルとの呼称も一般的なものとなりつつある[6]。また，企業内プロフェッショナル（太田，1993；藤本，2000），ホワイトカラー・プロフェッショナル（石田，2002）など名称は異なるものの，企業など組織に雇用されるプロフェッショナル人材を対象とした研究（窪谷，2000；西脇，2002；原口，2003）も次第に増えている[7]。

(3) 組織内プロフェッショナルの専門性

先行研究や調査結果（宮下，2001；原口，2003）などから，組織内プロフェッショナルに必要な知識，技術，能力には「職務の遂行能力」と「組織間の連結能力」があると考えられる。職務は遂行されて価値を生み出し，これらの能力の発揮には「実践行動」と「幅広い関連知識」が不可欠である。「職務の遂行能力」は知識，技術，判断力を駆使した実践行動と関連部門などの幅広い職務知識によって支えられている。これは職務に必要な専門知識や技能は，組織での職務遂行を通じて身につける他はないとの主張（小池，1991）とも符合する。

職務の専門性には，文献や研修などにより習得する体系的知識だけでなく，職務経験によって得た知識・技量などの暗黙知（野中，1990）も含まれている。形式知などのように文書化された知識，技術は専門性の一部分に過ぎないからである。これまで個人の経験やノウハウとみられてきた暗黙知も関連職務の知識，応用力，実践力などとして表出化されれば，組織の形式知となり，専門性としての認識も可能となろう[8]。

組織内外からの情報を収集し，必要な解釈や評価を行う能力は「組織間の連結能力」であるが，そこには組織間をつなぐ実践行動と幅広い関連知識が求められる。外部の必要な情報を組織内で適応させるのは重要な機能（March=Simon, 1958）と考えられる。マネジャーの役割（Mintzberg, 1973）には[9]，外部環境と自己組織を連結するリエゾン，情報を収集し，評価

3 組織内プロフェッショナルを生かす人材マネジメント　37

図 1　組織内プロフェッショナルの専門性

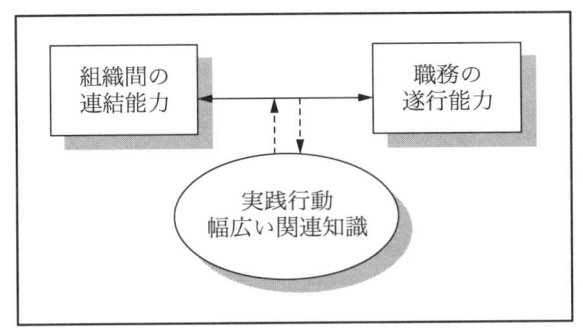

```
┌─────────────────────────────────────┐
│  ┌──────────┐        ┌──────────┐   │
│  │ 組織間の  │◄──────►│ 職務の   │   │
│  │ 連結能力  │        │ 遂行能力 │   │
│  └──────────┘        └──────────┘   │
│         ╲              ╱            │
│          ╲            ╱             │
│         ┌─────────────┐             │
│         │  実践行動   │             │
│         │ 幅広い関連知識│            │
│         └─────────────┘             │
└─────────────────────────────────────┘
```

出所）　筆者の作成による

解釈するモニター，そして解釈した情報を組織内部に伝える周知伝達者としての役割があり，そうした役割を果たすには専門性が必要とされる[10]（図1参照）。

3　人材マネジメントの変化

（1）　専門性の重視

アメリカでは 1970 年代から，HRM（Human Resource Management：人的資源管理）への関心が高まり，1980 年代に急速に一般化してきたとされる[11]。アメリカ企業の HRM における変容は，個々の人材が重視され，これまで以上に意欲や能力の向上を図ることなどにみられる。さらに今日では HRM は戦略的人的資源管理としての SHRM（Strategic Human Resource Management）[12]に進化しているとされる。その背景には，生産の効率性が競争優位の源泉であった製造主体のビジネス・モデルから，革新性，創造性が競争優位の源泉となる知識主体のビジネス・モデルへの移行がある。新しい知識社会では，専門性が重視されることは論を待たない[13]。

日本企業でも従来からの人事管理が見直され，人的資源管理，人材戦略や人材マネジメントといった呼称も見受けられる[14]。成果主義，年俸制，中途採用，職種別採用，早期退職，選別型研修など人事管理の内容は相当な変化を

遂げている。こうした変化の根底にあるのは，専門性の認識の高まりである。年功や属人的な評価から，仕事の成果に評価の重点が移ることは，専門性の重視につながる。さらに，専門性が価値を創造するものとして再認識されるようになったことも専門性重視の大きな理由であり，そこに組織内プロフェッショナルの存在意義も見出される。

（2） 人材マネジメントの変革

これまで日本企業の人事管理においては，職能資格制度がその根幹をなすほどの標準的な制度であった。しかし，昇進年次や滞留年数などを重視した運用が続くにつれ，実質的には年功色の強い人事評価に陥り，組織の活力低下につながったとされる。そのため成果主義などにより，仕事や役割を重視する人事評価制度への変換が行われている。

知識社会で中心となる人材は，専門性の高いナレッジ・ワーカー（knowledge worker）やプロフェッショナル人材である[15]。そのため，人材のプロフェッショナル化に対応するマネジメントが求められる。専門性を生かすマネジメントは，組織の競争力や学習能力の向上と個人の資質や能力の向上を同時に達成するものである。プロフェッショナル化に対応した人材マネジメントの変革は，人材を付加価値創出のための重要な要素としてとらえ，その能力を競争優位とした先駆的企業にみられる。

（3） 職務知識・能力の評価

プロフェッショナル人材であることは，高い専門性を有し，それが外部にも通用することが求められる。外部に通用するとは企業などの所属組織だけでなく，業界全体など社会的にも認められることである。プロフェッショナルとしての知識や能力を評価するには，まず対象職務やその範囲，評価基準の策定などが前提となる。

これまでビジネスに関連する公的な資格は，簿記，情報処理など限られており，とくにホワイトカラーの職務に直接関連するような資格はほとんど存

在しなかった。その中で平成6年度から開始された「ビジネス・キャリア制度」は職務知識や能力の習得確認を行う制度である。同制度では，企業内の各部門と同様な職務分野について，理論と実践の見地から学習成果が問われる。平成14年度からの「ホワイトカラー職務能力試験」は，ビジネス・キャリア制度を発展させ，職務遂行能力を直接的な評価対象としている。また平成15年度から実施された「経営学検定試験（M検）」は，大学生や社会人を対象に経営に関する知識や応用能力の水準を評価するものである。こうしたホワイトカラーの職務に関連する資格や試験の設置は，専門性の評価やプロフェッショナルに対する社会的ニーズの高まりを示し，今後，組織内プロフェッショナルなどを認定し，その育成や活用の仕組みとなると思われる。

4 人材マネジメント変革の企業事例

人材のプロフェッショナル化を認識し，人材マネジメントの変革を行った先駆企業と考えられるカシオ計算機，日本ロシュ，ニチレイ各社の事例を取り上げる。本事例は，経営・人事管理の専門誌，会社案内などの文献資料を基礎情報として，2002年10～12月に実施した人事担当マネジャー（リーダー）へのヒアリング調査に基づき作成したものである。

（1） カシオ計算機

カシオ計算機では，1999年10月より管理職層を対象に人事制度の基本を職能資格から役割重視の方向に転換する改革を展開した（表1参照）。同社では，幹部社員を全員専門職とする人事の枠組みとしての「専門職制度」と専門職制度の役割基準に基づき幹部社員の業績を評価する「専門職業績評価制度」を導入し，社員のプロフェッショナル化を推進している。同社のプロフェッショナル化への人事制度は，①従来の幹部社員（管理職層）をすべて「専門職」として処遇する，②専門職は組織管理の役割に応じ，組織を統制する専門職である「マネジャー」と，組織に所属する専門職である「ス

表1　カシオ計算機の人事制度

	旧　制　度	新　制　度 (1999年10月〜)
評価基準	職能資格	仕事での役割
格付の対象	人（保有能力）	仕事（発揮能力）
昇進・昇格	経験と成績	役割と業績
キャリア管理	全社一本	スキル・業種
要員管理	資格別	役割別・スキル別

出所）ヒアリングに基づき筆者が作成

ペシャリスト」に区分される，③職務内容の違いと組織上の位置づけに基づいて4段階の階層を設ける，④マネジャーとスペシャリストを同一の専門職等級で対応させることによって，キャリア管理面でのバランスを図る，以上の4点を特徴としている。

カシオ計算機の社長は，ことあるごとに社員に対して「業界で通用するプロになれ」と語っているとのことである。人事企画グループリーダーによると，人事制度見直しの背景には，変化と競争の激しい業界で継続的な発展を遂げるために社員全員がスキルや専門性を向上し，高い目標を達成する働き方を徹底させるねらいがあるという[20]。

(2)　日本ロシュ

製薬産業は典型的な知識集約型産業であるとされており，医師・薬剤師などのプロフェッショナルを顧客とする医薬品営業の担当者は，MR (Medical Representative) と称している。MRは専門性の高い認定資格を有する組織内プロフェッショナルの代表例と考えられる。スイスに本社をおくロシュ・グループは，欧州のみならずグローバルな展開をしている世界有数の医薬品企業であり，日本法人の日本ロシュ（2002年10月より中外製薬）も1932年設立と長い歴史をもつ。同社は社員を最重要な財産，すなわち「人財」として，社員一人ひとりがそれぞれの専門分野のプロフェッショナル「自由闊

達で夢溢れるプロ集団」となることを目指し，2001年6月から独自のプロ人財（プロフェッショナル人材）開発のツールを稼働させた。[21]

日本ロシュの人財開発部長によると，同社でのプロフェッショナル人財の定義とは，「市場価値のある成果を生み出すことのできる人財」であるという。そのようなプロ人財とは，社外に通用する人材であり，専門性（スキル＋知識＋コンピタンシー）と魅力をもつ人材になることが重要であるとしていた。[22]プロ人財を育成する方法の一つに，現在の仕事に求められる知識・スキルの期待値を5段階で表示する仕組みがある。これはイントラネット上で，職務に求められるスキルの期待値と自分のスキルを比較するツールで，同社のアクション・メッセージにちなんで「Yes, We Can Do It! キャンパス」と名づけられたシステムである。自らプロ人財となるために有効なもので，主体的に専門性を高めるシステムといえよう。

（3） ニチレイ

冷凍食品などの総合食品企業であるニチレイの経営トップは，求められる人材像を，「高度な専門性によって付加価値を生み出し続けるプロフェッショナル集団」とする明確なメッセージを示している。そこで同社は，2000年4月に，新しい時代に対応する成果主義型経営システム「フレッシュ＆フェアプログラム（以下，FFプログラム）」を導入した。[23]人事部企画リーダーによると，このFFプログラムでは成果，役割，能力開発に基づくプロフェッショナルのキャリア開発を通じて，業績と職務を通じた満足度の向上を目指すという。[24]人材をプロフェッショナルと捉え，人事制度を変化させた背景には，役職社員の増加，組織のフラット化，職務の専門化，コミュニケーション・スタイルの簡素化があるという（図2参照）。

役職社員は「リーダー」と「組織内プロフェッショナル」に分かれ，組織内プロフェッショナルは，「自律性と権限を持ちながら，自ら意図した職務を遂行し，そこから能力発揮と満足を得て，経験と研鑽から継続的に専門性を高め，組織内外で評価される人材」としている。[25]リーダーやビジネスリー

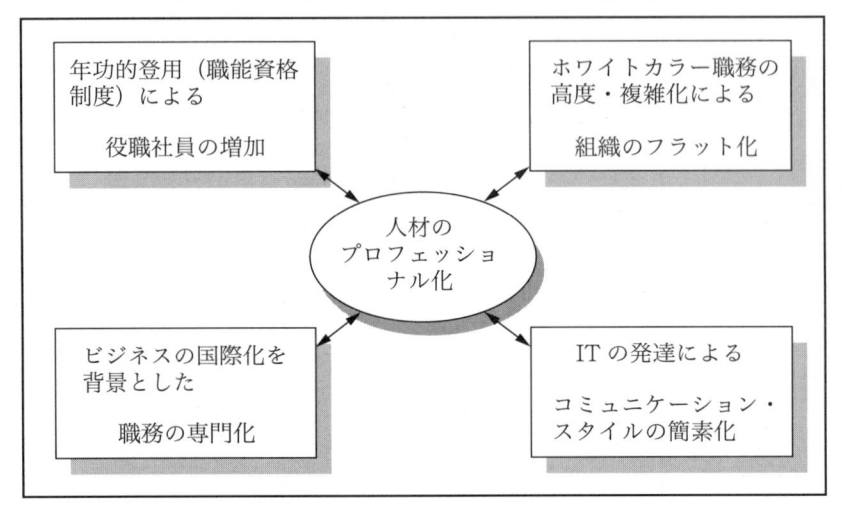

図 2 ニチレイの人材プロフェッショナル化の背景

```
┌─────────────────────────────────────────────────────────┐
│  年功的登用（職能資格        ホワイトカラー職務の        │
│  制度）による               高度・複雑化による          │
│    役職社員の増加             組織のフラット化          │
│                  ↘     ↙                                │
│                  人材の                                 │
│                プロフェッショ                           │
│                  ナル化                                 │
│                  ↗     ↖                                │
│  ビジネスの国際化を          IT の発達による            │
│  背景とした                 コミュニケーション・        │
│    職務の専門化             スタイルの簡素化            │
└─────────────────────────────────────────────────────────┘
```

出所）　ヒアリングに基づき筆者が作成

ダー，またはこれらを経由したエグゼクティブというキャリアパス以外に，組織内プロフェッショナルのままで高い処遇を得ることも可能である。同社では，プロチャレンジ制度という公募制を導入し，プロフェッショナルを誕生させている。制度の目的は，プロフェッショナルとして社外でも通用する能力・適性・実績・意欲をもつ人材を，年齢・性別・学歴・入社年次を排除して，発掘・育成・登用することである。プロチャレンジ制度の導入により，キャリア研修への参加者が殺到するなど社員の意識にも変化がみられたという。

5　まとめ

　情報技術や国際化の進展が加速し，知識をベースにした経営が求められる今日，組織内プロフェッショナルなど企業で専門人材やプロフェッショナル人材とされるホワイトカラーはますます重要となり，その数も増加すると思われる。そうした組織内プロフェッショナルを生かすために，人材マネジメ

ントを変革していくことは，今後の経営課題の一つとなろう。先駆企業の調査結果などから，組織内プロフェッショナルを生かす上で，次のようなインプリケーションが考えられる。それらは，①トップ方針，②人事システム，③専門性サポート，の3点である。

第1に，トップ方針が専門性，知識，人材育成を重視し，組織内プロフェッショナルを評価するものでなければならない。プロフェッショナル人材を生かそうとする先駆企業では，トップが「プロ人材であれ」「外部で通用する人材たれ」と明確な方針を掲げている。プロフェッショナルを目指せ，専門性を高めよとのトップ方針から，能力向上，中長期的な視点での成長，キャリアの育成が奨励され，能力向上に真摯に取り組む好循環が生まれる。そうして能力，意欲，コミットメントが高まり，優れた業績につながるものと思われる。

第2に，人事システムが組織内プロフェッショナルを中心的な職位や資格として位置づけていることである。先駆企業では中核人材はまずプロフェッショナルであるとされ，マネジメント担当やプロフェッショナル担当という職務遂行上の役割は，その後に分かれる人事システムを導入していた。組織内プロフェッショナルを中心にした人事システムへの転換は，専門性や知識を重視するトップ方針を，制度として実現するものである。

第3には，専門性サポートがあげられる。これは職務の専門性を明確にし，専門性を高めるよう支援することである。そのためには，主体性をもった職務の決定やキャリアの明確化が前提となる。専門性の向上に意欲的な人材は，外部専門機関との交流などを通じて，組織内外からの貴重な専門性を得ることができる。組織内プロフェッショナル独自の専門性はそこから生まれる。

経営において，以上の3点が実現されれば，組織内プロフェッショナルを活用することができる。トップ方針を受けて，人事システムの構築や専門性のサポートを具体的に進めるには，各部門でのプロフェッショナルの職務やマネジメントのあり方について，さらに検討することが必要となろう。

(謝辞) 執筆にあたり，中央職業能力開発協会，カシオ計算機㈱，日本ロシュ㈱（現中外製薬㈱），ニチレイ㈱の関係者の方々より，資料提供，インタビュー対応など，格段のご配慮，ご協力を戴きました。ここに記して，御礼申し上げます。

〈注〉
1) 青沼吉松（1959）pp. 42-43 を参照。
2) 日経連（1995）pp. 36-37 による。
3) 佐野陽子・川喜多喬（1993）p. 91 による。
4) 裁量労働制は，労働基準法第38条の2第4項による，みなし労働時間制の一形態であり，専門的知識や技術を要する高度知的作業のために企業側の時間管理が困難との理由から，特定職種に限り，業務遂行の方法や時間配分の決定をその担当者に委ねる労働時間制度である。
5) 組織内プロフェッショナルの定義は，宮下清（2001）pp. 55-57 による。
6) 筆者も調査設計に協力した『労政時報』（第3599号，2003.9.5）による調査結果（上場企業を中心に112社から回答）によると，管理職層のうち約3割は専門職であることが判明した（p. 16）。事例企業に限らず，松下電工，東洋エンジニアリングなどで，プロフェッショナル職の呼称がみられる（pp. 43-49）。
7) 本稿では，組織内プロフェッショナルを含めた企業でのプロフェッショナルを指す言葉として，プロフェッショナル人材を用いる。またプロフェッショナル人材，専門人材の意味については，窪谷（2000）pp. 1-16，石田（2002）pp. 2-10 などに詳しい。
8) 形式知，暗黙知，および知の変換過程については，野中（1990）pp. 60-62 による。
9) 仲介者の機能は，March Simon（1958）『オーガニゼーションズ』p. 287 による。
10) マネジャーの役割は，Mintzberg（1973）『マネジャーの仕事』p. 94 による。
11) HRM（人的資源管理）の背景，発展については，石井（2001）pp. 3-4，岩出（2001）pp. 4-5 を参照。
12) SHRM（戦略的人的資源管理論）の特徴については，岩出（2001）pp. 6-8 を参照。
13) 知識，知識創造を競争優位とすることは，P. F. Drucker（1993），Nonaka and Takeuchi（1995）などの論者により主張されている。一條・クロー

(2002) pp. 68-70 に詳しい。
14) 戦略人材マネジメントについては，守島（2001）pp. 44-46 を参照。また知識創造を行う人材を前提とした人材マネジメントについては，守島（2002）pp. 42-44 で論じられている。
15) P. F. Drucker (1993) は，ナレッジ・ワーカーは，自分自身で職務を定義し，自己責任において自らをマネージする規律を持つと主張し，さらにナレッジ・ワーカーを，エンジニア，科学者，医者，作家，ソフトウェア・デザイナー等のプロフェッショナルとして論じている。
16) 中央職業能力開発協会（1994）『ビジネス・キャリア制度のすべて』日本法令，を参照。同協会の HP において「ビジネス・キャリア制度」関連の情報が掲載されている（http://www.bc.javada.or.jp/）。
17) 中央職業能力開発協会（2002）『ビジネス・キャリア』Vol. 16, pp. 2-7 を参照。
18) 経営学検定試験とは，日本経営教育学会の協力を得て，経営能力開発センターが実施している検定試験で，初級，中級，上級の3段階に分かれる（http://www.mken.info/）。
19) カシオ計算機㈱における社員のプロフェッショナル化の推進については，『労政時報』第 3534 号（2002）pp. 18-30 を参照。
20) 2002.10.1 カシオ計算機㈱本社（東京・渋谷）にて，人事部人事企画グループリーダーにヒアリングを実施した。
21) 日本ロシュ㈱におけるプロフェッショナル人材の育成については，『労政時報』第 3547 号（2002）pp. 17-27 を参照。MR の暗黙知共有化によるプロジェクトについては，山本（2001）に詳しい。
22) 2002 年 10 月 4 日と 2002 年 12 月 20 日の 2 回，中外製薬㈱本社（東京・京橋）にて，旧日本ロシュ㈱および中外製薬の人財開発部長にヒアリング。
23) ニチレイ㈱の新人事制度は，木谷（2002）pp. 23-28, 中央職業能力開発協会（2000）『ビジネス・キャリア』Vol. 6, pp. 11-14 を参照。
24) 2002 年 12 月 11 日，ニチレイ本社（東京・築地）にて，人事企画チームリーダーにヒアリング。
25) 組織内プロフェッショナルについては，宮下（2002）pp. 14-23, 木谷（2002）p. 27 を参照。

〈参考文献〉
青沼吉松（1959）「経営の専門職業化―大企業の内部組織とその外部諸関係―」『慶応義塾経済学会経済学年報 3』pp. 1-52

Carr-Saunders, A. M. and P. A. Wilson (1933) *The Professions.*, Oxford University Press.
中央職業能力開発協会 (1994)『ビジネス・キャリア制度のすべて』日本法令
中央職業能力開発協会 (2000)『ビジネス・キャリア』Vol. 6　中央職業能力開発協会
中央職業能力開発協会 (2002)『ビジネス・キャリア』Vol. 16　中央職業能力開発協会
Drucker, P. F. (1954) *The Practice of Management*, Harper & Row.（上田惇生訳 (1996)『現代の経営』ダイヤモンド社）
Drucker, P. F. (1993) *Post-Capitalist Society*, Harper Collins.（上田惇生訳 (2001)『ポスト資本主義社会』ダイヤモンド社）
Elliott, P. (1972) *The Sociology of the Professions*, Macmillan.
Etzioni, A. (1964) *Modern Organizations*, Prentice-Hall, 1964.（渡瀬浩訳 (1967)『現代組織論』至誠堂）
Freidson, E. (1986) *Professional Power : A Study of the Internationalization of Formal Knowledge*, The University of Chicago Press.
藤本昌代 (2000)「企業内プロフェッショナルにおけるコスモポリタンとローカルの併存性」『日本労務学会誌』第2巻第2号
Gouldner, A. W. (1958) "Cosmopolitans and Locals : Toward an Analysis of Latent," *Administrative Science Quarterly* 2.
Greenwood, E. (1957) "The Elements of Professionalization", *Social Work*, Vol. 2, No. 3.
Hall, R. H. (1968) "Professionalization and bureaucratization", *American Sociological Review* 33.
原口恭彦 (2003)「事務系ホワイトカラーのキャリア志向と職務行動」『経営教育研究 6―経営実践と経営教育理論』日本経営教育学会機関誌第6巻　学文社
一條和生・ゲオルク=フォン=クロー (2002)「ナレッジ・イネーブリング：知識創造理論の実践を目指して」『組織科学』第36巻第1号　白桃書房
今田幸子・平田周一 (1995)『ホワイトカラーの昇進構造』日本労働研究機構
稲上　毅 (1998)「創造的労働と日本の雇用慣行」『日本労働研究雑誌』日本労働研究機構
石田英夫 (2002)「ホワイトカラー・プロフェッショナルの観点から」『日本労務学会誌』第4巻第1号　日本労務学会
石井脩二 (2001)「グローバル・スタンダードとしての新しい能力主義」『日本労務学会誌』第3巻第1号　日本労務学会

石倉洋子（1995）「企業内プロフェッショナルを活かすシステム」『ダイヤモンド・ハーバード・ビジネス』第20巻第3号　ダイヤモンド社
岩出博（2001）「戦略的人的資源管理論の発展と人事労務管理地位の向上」『日本労務学会誌』第3巻第2号　日本労務学会
木谷宏（2002）「事例ニチレイ」産労総合研究所『企業と人材』第796号
小池和男（1991）『大卒ホワイトカラーの人材開発』東洋経済新報社
Kornhauser, William with the assistance of Warren O. Hagstrom, (1962) *Scientists in Industry : Conflict and Accommodation*, Berkeley and Los Angeles : University of California Press.
窪谷治（2000）「わが国の専門人材を巡る現状と課題」ニッセイ基礎研究所『グローバル化時代の専門人財の育成に向けて』
March, J. G. and H. A. Simon (1958) *Organizations*, John Wiley & Sons.（土屋守章訳（1977）『オーガニゼーションズ』ダイヤモンド社）
Mills, C. W. (1951) *White Collar*, Oxford University Press.（杉政孝訳（1957）『ホワイトカラー』創元新社）
Mintzberg, H. (1973) *The Nature of Managerial Work*, Harper Collins Publishers Inc.（奥村哲史・須貝栄訳（1993）『マネジャーの仕事』白桃書房）
宮下清（2001）『組織内プロフェッショナル』同友館
宮下清（2003）「職務の専門性を担う組織内プロフェッショナル」『日本労務学会誌』第4巻第2号　日本労務学会
守島基博（2001）「内部労働市場に基づく21世紀型人材マネジメントモデルの概要」『組織科学』第34巻第4号　白桃書房
守島基博（2002）「知的創造と人材マネジメント」『組織科学』第36巻第1号　白桃書房
長尾周也（1995）『プロフェッショナルと組織』大阪府立大学経済研究叢書第83巻
日経連（1995）『新時代の日本的経営』日経連
西脇暢子（2002）「プロフェッショナルワーカーの活用と責任管理の重要性」京都光学大学マネジメント研究会（編）『京都マネジメント・レビュー』第1号
野中郁次郎（1990）『知識創造の経営』日本経済新聞社
Nonaka, Ikujiro and Hirotaka Takeuchi (1995) *The Knowledge-Creating Company : How Japanese Companies Create the Dynamics of Innovation*, Oxford University Press, Inc.（梅本勝博訳（1996）『知識創造企業』東洋経済新報社）
野中郁次郎・紺野登（1999）『知識経営のすすめ』筑摩書房

野中郁次郎（2002）「企業の知識ベース理論の構想」『組織科学』第36巻第1号 白桃書房
太田肇（1993）『プロフェッショナルと組織』同文舘
Reich, R. (1991) *The Work of Nations : Preparing Ourselves for 21st century Capitalism*, London : Simon & Schuster.（中谷巌訳（1991）『ザ・ワーク・オブ・ネーションズ』ダイヤモンド社）
連合総合生活開発研究所（1997）『創造的キャリア時代のサラリーマン』日本評論社
労働大臣官房政策調査部編（1996）『知的創造型労働と人事管理』大蔵省印刷局
労政行政研究所（2002）「管理職の新人事制度」『労政時報』第3534号 労務行政研究所
労政行政研究所（2002）「専門能力育成制度の実際」『労政時報』第3547号 労務行政研究所
労政行政研究所（2003）「成果主義時代の管理職構成，昇進等の実態」『労政時報』第3599号 労務行政研究所
佐野陽子・川喜多喬（1993）『ホワイトカラーのキャリア管理』中央経済社
Wilensky, H. L. (1964) "The Professionalization of Everyone?," *The American Journal of Sociology*, Vol. 70, No. 2.
山本藤光（2001）『「暗黙知」の共有化が売る力を伸ばす 日本ロシュのSSTプロジェクト』プレジデント社

4　コーポレート・ガバナンスと経営者問題[1]
―日米企業に焦点をあてて―

青木　崇

キーワード
コーポレート・ガバナンス　経営者　企業概念
企業不祥事　企業競争力

1　はじめに

　1990年代から英国企業をはじめとする先進諸国で企業不祥事が頻発したことで，企業経営のあり方に関してコーポレート・ガバナンスが今日においても活発に議論されている。日本企業における1990年代は，失われた10年といわれていて，1992年1月の日経平均株価の下落を契機に，今日における企業収益力の低迷さを露にしている。これに加えて，企業不祥事が後を絶たずにいて，今なお企業収益力と企業不祥事とに対処するためのコーポレート・ガバナンス構築が模索されている。しかし，実際には，コーポレート・ガバナンス構築よりも，むしろ経営者自身の問題であることが指摘されている。そのため，コーポレート・ガバナンス構築を善くも悪くもするのは，経営者自身であることが指摘できる。

　21世紀の企業経営におけるもっとも重要な議論にコーポレート・ガバナンス問題がある。日本企業以外にも，米国企業においては，1990年代の好

景気が21世紀に入ると悲劇の幕開けへと変わった。エネルギー企業のエンロン，通信企業のワールドコムといった米国経済の好景気を象徴する企業が起こした粉飾決算は，その後の米国経済への不信感と米国型コーポレート・ガバナンスへの目にみえない問題構造を浮き彫りにしたといえる。

本稿は，こうした日米企業における不祥事を通じて，コーポレート・ガバナンスの問題点を明らかにすることを目的とする。まず，コーポレート・ガバナンスの問題提起に関する先行研究を考察し，次いで，コーポレート・ガバナンス形態と企業概念とを論じ，そして，日米企業のコーポレート・ガバナンス問題を解明し，それらが経営者問題に帰着することを論じて，最後に，今後，経営者の創造的・革新的人材育成と実践とについて提示する。

2 コーポレート・ガバナンスの問題提起

（1） コーポレート・ガバナンス問題の所在と背景

ガバナンス（governance）という言葉は，政治学・行政学において，国家統治を示す言葉として古くから使われている。経営学においては，アダム・スミス（Adam Smith）の『国富論』において，企業経営者の行動に対して警告を指摘していた。また，バーリ＝ミーンズ（A. A. Berle and G. C. Means）の『近代株式会社と私有財産』において，所有と経営が分離しつつあることを指摘した。さらに，バーナード（C. I. Barnard）やサイモン（Herbert A. Simon）らの古典にもみられるが，コーポレート・ガバナンス（corporate governance）という言葉で最初にみられるのは，ウィリアムソン（Oliver E. Williamson）の『資本主義の経済制度』であろう[1]。

コーポレート・ガバナンスには，所有と経営が分離したことを焦点に経営学以外にも，経済学，会計学，法律学など独自の角度からのアプローチが展開されている。経営学に関しては，図1に表されるように，第1に，「企業はだれのもので，だれのために経営されるべきか」と，第2に，「だれの立場でだれが経営者を監視・牽制するのか」，といった古くて新しい問題提起がある[2]。

4 コーポレート・ガバナンスと経営者問題 51

図 1 コーポレート・ガバナンスの問題提起

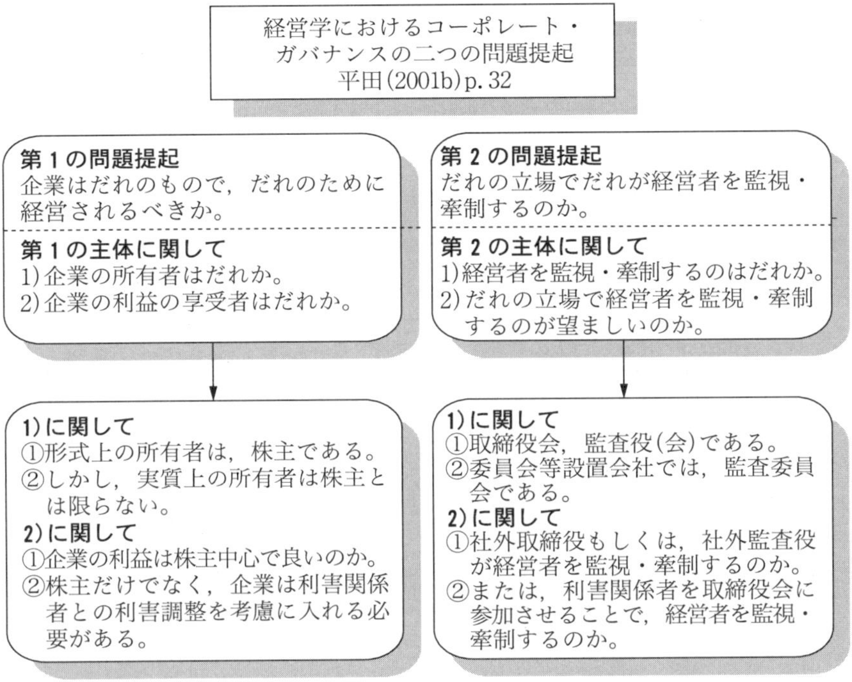

```
経営学におけるコーポレート・
ガバナンスの二つの問題提起
平田(2001b)p.32
```

第 1 の問題提起
企業はだれのもので,だれのために経営されるべきか。

第 1 の主体に関して
1) 企業の所有者はだれか。
2) 企業の利益の享受者はだれか。

第 2 の問題提起
だれの立場でだれが経営者を監視・牽制するのか。

第 2 の主体に関して
1) 経営者を監視・牽制するのはだれか。
2) だれの立場で経営者を監視・牽制するのが望ましいのか。

1) に関して
①形式上の所有者は,株主である。
②しかし,実質上の所有者は株主とは限らない。
2) に関して
①企業の利益は株主中心で良いのか。
②株主だけでなく,企業は利害関係者との利害調整を考慮に入れる必要がある。

1) に関して
①取締役会,監査役(会)である。
②委員会等設置会社では,監査委員会である。
2) に関して
①社外取締役もしくは,社外監査役が経営者を監視・牽制するのか。
②または,利害関係者を取締役会に参加させることで,経営者を監視・牽制するのか。

出所) 筆者作成

　さらに第 1 の主体に関しては,1) 企業の所有者はだれか,2) 企業の利益の享受者はだれか,の二つに分けることが確認できる。なかでも,1) は,①形式上の所有者は,日本の商法では株主である,②しかし,実質上の所有者は株主とは限らないといえる。また,2) は,①企業の利益は株主中心で良いのか,②株主だけでなく,企業は利害関係者との利害調整を考慮に入れる必要がある,といえる。

　また,第 2 の主体に関しては,1) 経営者を監視・牽制するのはだれか,2) だれの立場で経営者を監視・牽制するのが望ましいのか,に分けることができる。1) では,①取締役会,監査役(会) である,②委員会等設置会社では,監査委員会がそれにあたる。また,2) は,①社外取締役もしく

は，社外監査役が経営者を監視・牽制するのか，②もしくは，利害関係者を取締役会に参加させることで，経営者を監視・牽制するのか，ということができよう。

　コーポレート・ガバナンスは，1980年代後半から1990年代初頭にかけての英国企業における大型倒産と不祥事の多発さがあり，また，1990年初頭からは市場経済先進国における企業不祥事が頻発したことで，企業不祥事の対処をめぐるコーポレート・ガバナンスの広義の意味として，現在も活発に議論されているのである。次いで，21世紀に入りコーポレート・ガバナンスは市場経済移行国，発展途上国にも広がり，世界的にコーポレート・ガバナンスをめぐる議論が繰り広げられてきている。[3]

　とくに，市場経済先進国におけるコーポレート・ガバナンス議論の発端は，企業の不祥事が多発したからである。また，企業の収益力の低迷に伴い企業業績が悪化して，企業競争力に関する議論が起きたからである。こうした背景を受けて，コーポレート・ガバナンス議論が展開されていったのである。ここに，コーポレート・ガバナンス問題における目的が二つあることが確認できる。一つは，企業の不祥事とコーポレート・ガバナンス問題であり，もう一つは，企業競争力とコーポレート・ガバナンス問題である。[4]それを図示したのが，図2であり，これらの問題がなぜ起こったのかを考察することが，コーポレート・ガバナンス問題を解決する上で重要な手掛かりとなるであろうと予想される。

　このように，コーポレート・ガバナンスにおける問題には，①企業の所有者はだれか，②企業の利益の享受者はだれか，③だれの立場で経営者を監視・牽制するのか，といった根底となる重要問題があり，企業不祥事を未然に抑止する機能構築と企業競争力を促進する機能構築とが議論になっているといってよいであろう。

（2）　コーポレート・ガバナンスの本質と目的

　コーポレート・ガバナンスは，一般に企業統治と訳されることが多いが，

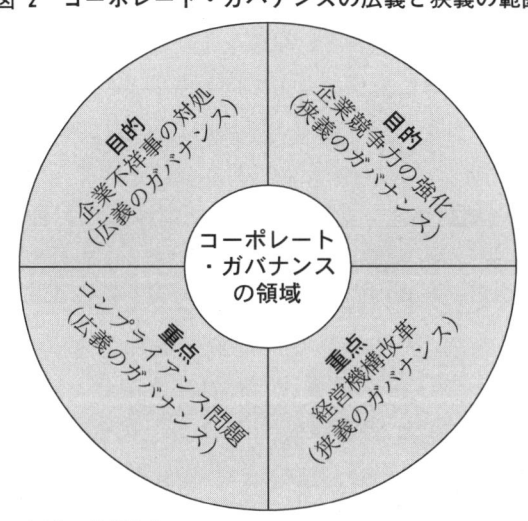

4 コーポレート・ガバナンスと経営者問題 53

図 2 コーポレート・ガバナンスの広義と狭義の範囲

（図：中央に「コーポレート・ガバナンスの領域」、四分割で
- 目的 企業不祥事の対処（広義のガバナンス）
- 目的 企業競争力の強化（狭義のガバナンス）
- 重点 コンプライアンス問題（広義のガバナンス）
- 重点 経営機構改革（狭義のガバナンス））

出所）筆者作成

この訳語に定まったわけではなく，法律学では企業協治，企業共治と訳すときがある[5]。また，コーポレート・ガバナンスの定義や解釈はさまざまであり，コーポレート・ガバナンスの領域は企業のみならず，NPO, NGO, 政府，地方自治体などにも広がっていて，組織体そのものに関わっているといってよいであろう。本稿では，企業としての株式会社企業に限定して論をすすめることにする。

コーポレート・ガバナンス問題が各国において登場した時代的背景に違いはあるが，共通する問題点は多いとみられる。そのため，コーポレート・ガバナンスに共通する問題点を改善し解決することが挙げられるであろう。また，コーポレート・ガバナンス問題の本質をどこに置くかで問題が異なり，取り組むべき解決策も異なる。したがって，コーポレート・ガバナンス問題の本質と目的とに焦点をあてる必要がある。

そこで，コーポレート・ガバナンスの本質について，触れておきたい。平田（2001b）は，「コーポレート・ガバナンス問題は，つまるところ，経営者

問題にほかならない[6]」と指摘している。さらに，「コーポレート・ガバナンス論は，経営者論，企業論のまさに中核をなす実践的理論であり，ここにコーポレート・ガバナンス論を構築する学問的意義がある[7]」とも述べている。

また，日本のコーポレート・ガバナンスのあり方に関して，菊池（1994）は，「① 経営者の執行活動に対する監視および監査機能をいかにして強化するか，② 経営者の執行活動，業績，これらに対する監視の機能に関するディスクロージャーを，いかに強化ないし拡大するか[8]」と指摘するように，意思決定機構の革新として社外取締役の導入や証券取引所のコーポレート・ガバナンスに対する役割[9]，そして企業行動の自己規制力を提唱している[10]。

さらに，コーポレート・ガバナンスの目的に関して，吉森（2001）は，「① 経営者はだれの利益のために経営すべきか（企業概念），② 経営者をだれが，いかに監視すべきか（経営監視），③ 経営者の動機づけをいかにすべきか（企業家精神）[11]」として，その三つの問いに対する答えを定義としている。

その他に，1992年に公表された英国の『キャドバリー委員会報告書』[12]においては，企業統治と取締役会とが規定されている[13]。それによると，「企業統治とは，会社（企業）が指揮され，統制（管理）されるシステムである。取締役は，みずからの会社（企業）の企業統治に責任を負う（下線は筆者による）[14]」と定義づけられている。

そして，統治に関して，厚東（1997 a）は，「統治とは錯綜し対立する利害状況において政策決定することが統治・ガバナンスなのである[15]」として，利害関係者との利害調整における判断と全体としての利害調整，チェック・アンド・バランスのシステムをどのようにして構築するのか，と指摘している[16]。

したがって，これらを概観すると，第1の目的として，コーポレート・ガバナンスの本質は経営者問題であり，経営者に対する監視・牽制する組織的構築がもとめられていることである。そして，その前提には，コーポレート・ガバナンスの広義の意味として，企業不祥事に対処するための解決策が

議論されていることである。次に，利害関係者に対してディスクロージャーの強化と利害調整とを考慮することがいえる。その上で，健全で透明性の高い経営を遂行することで企業競争力を強化し，企業価値を高めていくことが第2の目的であるといえよう。

図 3　コーポレート・ガバナンスの本質と定義

コーポレート・ガバナンスの本質と意義
コーポレート・ガバナンス問題は，つまるところ，経営者問題にほかならない。
平田(2001b)p.34
コーポレート・ガバナンス論は，経営者論，企業論のまさに中核をなす実践的理論であり，ここにコーポレート・ガバナンス論を構築する学問的意義がある。
平田(2001b)p.34

コーポレート・ガバナンスの目的
①経営者はだれの利益のために経営すべきか(企業概念)，
②経営者をだれが，いかに監視すべきか(経営監視)，
③経営者の動機づけをいかにすべきか(企業家精神)。
吉森(2001)p.11

コーポレート・ガバナンスのあり方
①経営者の執行活動に対する監視および監査機能をいかにして強化するか，
②経営者の執行活動，業績，これらに対する監視の機能に関するディスクロージャーを，いかに強化ないし拡大するか。
菊池(1994)p.9

コーポレート・ガバナンスの意味
統治とは錯綜し対立する利害状況において政策決定することが統治・ガバナンスなのである。
利害関係者との利害調整における判断と全体としての利害調整，チェック・アンド・バランスのシステムをどのようにして構築するのかということにつきるであろう。
厚東(1997a)pp.214-220

キャドバリー委員会報告書の定義
企業統治とは，会社(企業)が指揮され，統制(管理)されるシステムである。
取締役は，みずからの会社(企業)の企業統治に責任を負う(下線は著者による)。
日本コーポレート・ガバナンス・フォーラム編著(2001b)p.262

コーポレート・ガバナンス構築の目的
第1に，企業不祥事を未然に抑止し，利害関係者との利害調整を考慮することである。その上で，第2に，健全で透明性の高い経営を遂行することで企業競争力を強化し，企業価値を高めていくことである。
青木(2004)

コーポレート・ガバナンス問題の主軸を経営者に置くことで，経営者問題に関する経営学上の解決策が検討される。すなわち，経営者による経営機構の組織的構築を通じて，企業不祥事の抑止力と企業競争力の強化とが有効に促進されうるといえよう。

出所）筆者作成

このように，図3において，コーポレート・ガバナンスの本質，意義，あり方，目的などをみることができる。さらに，コーポレート・ガバナンス論は，関連諸学に関わっており，学際的な研究が必要であり，また，コーポレート・ガバナンスに関する統一的な定義や概念など，いまだ一致していないことがいえる。[17]しかし，コーポレート・ガバナンス問題の主軸を経営者に置くことで，経営者問題に関する経営学上の解決策が検討される。また，その目的を経営活動全般にもとめることができよう。すなわち，経営者が経営機構における組織的構築を通じることで，企業不祥事の抑止力と企業競争力の強化とが有効に促進されうるといえるからである。

3 コーポレート・ガバナンスの形態

(1) コーポレート・ガバナンス形態と企業概念

コーポレート・ガバナンス形態については，英米型コーポレート・ガバナンス，欧州大陸型コーポレート・ガバナンス，日本型コーポレート・ガバナンスの三つに分類することができる。[18]これを概観すると，表1としてまとめることができ，おもにコーポレート・ガバナンス形態の分類では，コーポレート・ガバナンス・タイプ，統治・経営制度と資本構造，経営機構の特徴の三つに分けることができる。

また，各国において，コーポレート・ガバナンス形態が異なる理由としては，第1に，その国の経済体制，社会環境，文化，歴史，風習などの違いにより企業風土が異なっていて，そのため，第2に，その国の企業法制度が異なっているからといえよう。したがって，各国の企業風土，企業法制度に適合したコーポレート・ガバナンス形態がありうるからである。それに伴い，コーポレート・ガバナンスの構造や特徴なども，各国のコーポレート・ガバナンス形態によって異なっているといえよう。

コーポレート・ガバナンスへの関心が高まっている背景には，各国における企業概念が異なっていることがある。表2に表されるように，英米，欧州大陸，日本の企業概念と利益の主体とに差異をみることができる。

4 コーポレート・ガバナンスと経営者問題 57

表 1 コーポレート・ガバナンス形態の分類

コーポレート・ガバナンス・タイプ	統治・経営制度と資本構造	経営機構の特徴
英米型コーポレート・ガバナンス	一元一層制（Board of directors）利害関係者（機関投資家）	① 所有と経営の分離したバーリ=ミーンズ型の構造であること。 ② 経営機構の機関として監査役（会）が存在しないこと。 ③ 利害関係者である機関投資家の力が強大であること。 ④ 取締役会の過半数が社外取締役で占められていること。 ⑤ 取締役会内の監査・報酬・指名委員会は社外取締役が委員長として経営機構における機能と役割とを果たしていること。
欧州大陸型コーポレート・ガバナンス	一元二層制（Aufsichtsrat）（ドイツの場合）[1] メインバンク	① バーリ=ミーンズ型ではなく，所有と支配が一致している。 ② このことは，欧州の企業は所有者型の経営形態であることを意味している。 ③ ドイツは監査役会の下に執行役会があり，構成員は監査役会が選任・監督する。また，監督機関と業務執行機関の分離が挙げられる。
日本型コーポレート・ガバナンス	二元一層制 メインバンクから移行	2003年4月1日施行の商法改正で，大会社は従来型，重要財産委員会の設置，委員会等設置会社を選択[2]。

注）1. 欧州大陸における統治・経営制度は必ずしも一元二層制ではない。イタリア・スペイン・ポルトガルなどは，英米型の一元一層制を認めている。
  2. 中会社（資本金1億円以上5億円未満，かつ負債総額200億円未満の株式会社）において，「みなし大会社」の場合には，重要財産委員会の設置および委員会等設置会社を採用することができる。
出所） 筆者作成

表 2 企業概念における比較

	企業概念	利 益 の 主 体
英　　米	一元的企業概念	株主利益中心（おもに，機関投資家）
欧州大陸	二元的企業概念	株主利益と同時に従業員の利益も考慮
日　　本	多元的企業概念	従業員中心とその他の利害関係者の利益にも配慮

出所）　筆者作成

まず，英米国の企業概念は，株主利益中心の一元的企業概念を有している[19]。最近の米国の企業概念は企業を株主のみのものでなく，利害関係者の統合組織とすることに置いている[20]。

次に，欧州大陸の企業概念では，株主の利益と同時に従業員の利益も考慮に入れる二元的企業概念を有している[21]。それは，株主と従業員の利害調整に主体を置いているといえよう。

そして，日本の企業概念においては，従業員の利益とその他の利害関係者の利益にも配慮するという多元的企業概念があてはまる[22]。そこでの，日本の企業概念の利点としては，経営者と従業員との長期的な利害調整の一致と経営者の自由度が大きいことであり，欠点としては，経営者の地位の永続化と経営者に対する経営監視機能の弱体化，収益力の低下が挙げられる[23]。

このように，コーポレート・ガバナンス形態は三つに分類することができる。そのなかで，各国における企業概念には違いがみられる。また，共通点としては，利害関係者の存在を企業が無視できなくなってきていることである。このことは，コーポレート・ガバナンス形態において利害関係者の存在が重要な意味を成している証左であるといえよう。以下では，三つの形態について考察したい。

（2）　英米型コーポレート・ガバナンス

先進国におけるコーポレート・ガバナンス問題の先端を切ったのが，1980年代後半から1990年代初頭にかけての英国での大型企業の倒産と不祥事で

ある。英国での企業不祥事が多発した原因としては，経営者の高慢経営を制御できなかったこと，企業業績の低下や倒産が相次ぐなかでのストック・オプションによる高額報酬を得ていたこと，それに対してアカウンタビリティーが不透明だったことであり，国民から批判されたことである。[24]

そこで，こうした事態を受けとめて英国国内でコーポレート・ガバナンス問題に関する議論と解決策とが取り上げられた。そして，1991年にキャドバリー委員会（Cadbury Committee）が設置されたのを契機にコーポレート・ガバナンス原則が誕生したのである。1992年に同委員会は，公開性，誠実性，アカウンタビリティーに重点を置いた原則を『キャドバリー委員会報告書』において公表した。[25]

こうした背景のなかで，キャドバリー委員会報告書は世界中のコーポレート・ガバナンス原則策定の先駆けとなった。[26]

また，米国では，2001年から2002年にかけて，経営者を中心とする企業会計不信，粉飾決算などの企業不祥事が多発したことで，その後の米国経済への不信感と米国型コーポレート・ガバナンスへの目にみえない問題構造を浮き彫りにしたといえる。また，それに対する米国政府やSECをはじめとする法的処置は，日本の対応と比べて遥かに迅速だったことが挙げられる。

英米型コーポレート・ガバナンスの特徴は，①所有と経営の分離したバーリ＝ミーンズ型の構造であること，②経営機構の機関として監査役（会）が存在しないこと，③利害関係者である機関投資家の力が強大であることである。[27] さらに，④取締役会の過半数が社外取締役で占められていること，⑤取締役会内の監査・報酬・指名委員会は社外取締役が委員長として経営機構における機能と役割とを果たしていることである。ところが，実質的には社外取締役の機能，独立性といったものはなかったことが，2001年から2002年にかけて起きたエンロンとワールドコムの事件で明らかになった。

さらに，英米企業に対する資本供給構造については，ドイツや日本のように銀行に依存しているのではなく，むしろ資本市場として，とくに機関投資家の資金に依存している。[28] この点において，企業と機関投資家との関係がコ

ーポレート・ガバナンス問題に重要なインパクトを与えているといえよう。

(3) **欧州大陸型コーポレート・ガバナンス**

欧州大陸型コーポレート・ガバナンスの統治・経営制度は，一元二層制といわれているが，必ずしも一元二層制ではないといえる。なぜなら，欧州大陸企業において，一元一層制を認めている国があるからである。また，各国によっては，一元一層制か一元二層制のどちらかを選択することができるのである。[29] このように，欧州大陸企業すべてが，一元二層制を採用しているのではないため，ここでは一元二層制の代表としてドイツのコーポレート・ガバナンス形態をみていくことにする。

ドイツ企業の経営機構を表したのが，図4である。ドイツでは，株主総会において，監査役を選任する。監査役会は，執行役と執行役会会長とを選任することが，株式法（Aktiengesetz）で定められていて，経営監督機関である監査役会（Aufsichtsrat）と業務執行機関である執行役会（Vorstand）とが分離し，兼任も禁止されていて，監査役会に権限があることが特徴的である。ドイツでは，このように，機関の分化と権限の分配が法律上，厳密に規定されている。[30] また，会社形態や資本，従業員数により法律の適用が異なり，たとえば，1976年の共同決定法（Mitbestimmungsgesetz）は，監査役会（20人）に株主（10人）以外に，従業員（6人），労働組合（3人），管理職員（1人）からの経営参加が特徴である。

この共同決定法は，従業員2000人以上の大会社の監査役会において，労働者側と資本側とが半数によって構成されている。ただし，鉱山・石炭産業には，モンタン共同決定法（Montan-Mitbestimmungsgesetz）が適用される。モンタンとは，ラテン語で鉱山の意味である。モンタン共同決定法では，監査役会は，労働者側と資本側とのそれぞれ同数の監査役に，中立の監査役1人から構成される。また，従業員500人以上2000人未満の中会社では，経営体制法（Betriebsverfassungsgesetz）が適用されて，監査役会のメンバー3分の1が労働者側から構成されるように規定されている。[31]

4 コーポレート・ガバナンスと経営者問題 61

図4 ドイツ企業の経営機構

（図：株主総会→（銀行・議決権行使）選任→監査役会→選任・監督→執行役会←監査←決算監査人、株主総会→選任→決算監査人。左側に「ガバナンス」「マネジメント」の区分）

出所）筆者作成

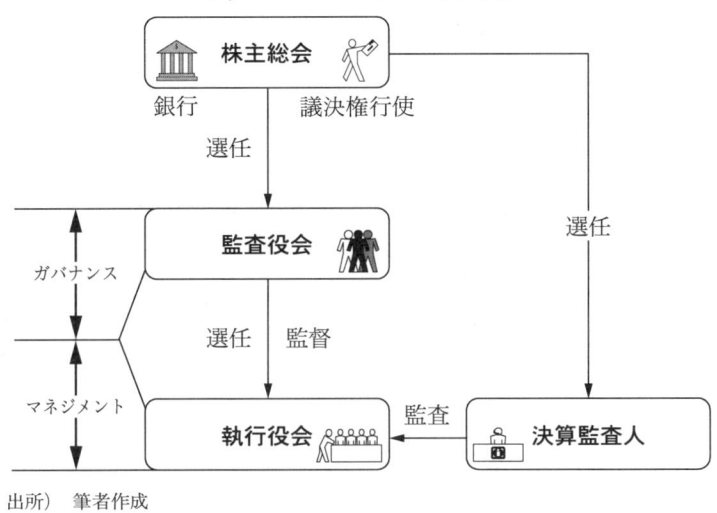

　だが，共同決定法に関しては，はじめから資本側優位のシステムになっているといわれている。それは，監査役会のメンバーの内訳をみると，労働者側は，従業員，労働組合，管理職員となっていて，管理職員とは部長，課長クラスであり，まず，そこにおいて対等とはいえないことである。また，監査役会議長は，必ず資本側から選任され，監査役会での議決が同数の場合，監査役会議長だけは2回の投票権が与えられているからである。そのため，共同決定法においては，必然的に資本側が勝るルールになっているからである。

　ドイツの統治・経営制度において，その組織的構造には，かつての企業不祥事の要因になりうる影がある。それは，ドイツでは企業の持株比率が高い銀行によるモニタリング機能の歪みと監査役会の逆機能ともいうべき執行役会の権限とが遥かに強い構造であることが指摘されている。何もドイツだけが，逆の組織的構造をしているわけではないが，今日のドイツの経営機構の現実はそうである。その証拠に，いま，ドイツでは，大会社の経営者に対す

る訴訟が後を絶たないでいるからである。

（4） 日本型コーポレート・ガバナンス

日本型コーポレート・ガバナンス・システムに関して一つ確認しておきたいことがある。それは，経営機構における経営制度である。それについて，図5を参照して触れておきたい。それによると，平田（2003b）は，「日本企業の統治・経営制度は二元一層制のほうがよいではなかろうか」[32]と指摘している。それは，英米国のボード・システムを一層制，ドイツにみられるそれを二層制，日本は一層制である，との誤解が生じることから，より厳密にいって，取締役会と監査役（会）とにおいて取締役会から代表取締役が選任されるとの意味で二元一層制としたのである。

日本の場合，2002年の改正商法により，コーポレート・ガバナンス構築における経営機構の幅が広がったことがいえる。2003年4月1日施行により，米国型コーポレート・ガバナンスが導入されたからである。それ以前の

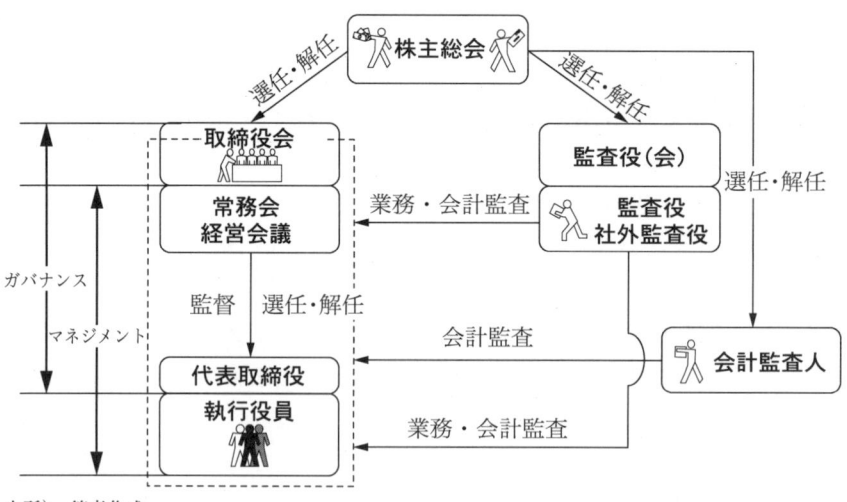

図 5　日本企業の従来型の経営機構

出所）　筆者作成

日本型コーポレート・ガバナンスの特徴といえば，図5に図示したように，①取締役の人数が多かったこと，②それにより，企業経営が非効率的であったこと，③取締役は内部出身者が多く，社外取締役がほとんどみられなかったこと，④社長（会長）に人事権が集中していたこと，⑤そのため，取締役会，監査役（会）が機能しなかったこと，⑥さらに，株主総会も形骸化していたこと，などが挙げられる。

　日本企業の所有構造は，とくに銀行や取引先といった法人としての機関所有が特徴といえる。資本供給構造としては，銀行への依存が高かったことである。ところが，バブル経済崩壊後は企業の収益力の低迷により，銀行への依存度が低下したことである。また，反社会的行為，企業倫理の欠落により，企業の不祥事を招き，日本型コーポレート・ガバナンスの見直しが要因で商法大改正へと結びついたのである。その機運に向かわせた理由には，株主が経営から疎外されてきた経緯がある。また，株主としての権利が弱く，十分に株主等の利害関係者の利益が確保されていなかったことが挙げられる。さらには，経営者の経営責任に対して責任追及はあるものの，経営者側の責任におけるあいまいさが拭いきれていないのが現状である。

　このように，日本企業におけるコーポレート・ガバナンスへの取り組みは，まだはじまったばかりであるといえよう。また，委員会等設置会社へ移行した大会社においても，今後の企業経営において威力を発揮するかは，模索中であると予想される。そのため，企業経営の中核を成す経営者のコーポレート・ガバナンスへの取り組みと姿勢とが試されるといえる。それ故に，日本企業のコーポレート・ガバナンス構築は暗中模索のなかにおいて，その経営活動を遂行するのが経営者であるということが指摘できるのである。以下の4および5では，具体的に日米企業のコーポレート・ガバナンス問題は何であったのかを明らかにしたい。

4 日本型コーポレート・ガバナンスの問題点
（1） 日本企業におけるコーポレート・ガバナンス問題

　日本企業については，1980年代の安定成長期により企業業績が良かったことがいえる。ところが，1990年代のバブル経済崩壊後には，多くの企業不祥事が顕在化したのである。そこで，日本企業における不祥事について，1960年代後半からの経営行動を年代ごとに詳細に検討すると，表3としてまとめることができ，おおむね，1960年代後半以降と1990年代にかけてのそれとは，不祥事の内容が異なっていることがわかる。

　まず，日本企業における不祥事は1990年代から経緯をみることができ，バブル経済崩壊後は企業不祥事が追い風のように後を絶たずに頻繁に起きたことが今日における企業収益力の低迷さを露にしている。とくに企業のみならず，銀行，証券会社，省官庁などによる贈収賄，総会屋への利益供与，癒着，損失補塡，不正融資，インサイダー取引などといったきわめて反社会的な汚職事件が日本経済にインパクトを与えたことが指摘できる。

　こうした企業行動の背景には，企業経営の脆弱さ，企業業績の低迷，経営破綻，経営全体の見直しなどがあり，おもな要因として経営者に対する問題

表 3　日本企業の経営行動の影

年　　　代	お　も　な　内　容
1960年代後半〜第1次石　油　危　機	経営行動の過程で事後的または副次的に発生し，反社会的行為になった。
第1次石油危機後	最初から反社会的行為と知りつつ，意図的に引き起こされ，経営行動の倫理性が問われた。
1990年代にかけて	その行為の悪質さから，経営行動の倫理性が激しく糾弾されるのがほとんどである。
2000年代初頭にかけて	バブル経済崩壊後のその行為の悪質さは変わっていない。

出所）　平田（2002a）p.2をもとにして，筆者作成

があり，経営者とコーポレート・ガバナンスとの深い問題を引き起こしたといえる。

また，経営行動の実態の裏には経営者としての資質と倫理観との欠如が浮き彫りとなった。そのため，経営者の企業経営に関わる自覚と意識とが問題視され，さらには，企業倫理に関わる問題意識が欠落していたことである。こうしたことで，企業の経営行動と経営者とが歪んだ経営実態を描いてしまったことと，その企業の経営行動における経営者への経営責任を深く追及するかたちで，コーポレート・ガバナンス問題に関する議論がふたたび登場したのである。

次に，日本企業の不祥事とコーポレート・ガバナンス問題との関連は，1960年代後半まで遡ることができる[33]。ここでは，高度経済成長期に伴う国内の産業開発として，産業公害，環境破壊といった環境的不祥事が発生した。こうした経営行動は，意図的に行われたとは言い難い反面，社会全体に及ぼす影響力と企業倫理とが問われる結果となった。ここに，企業は経済的・社会的組織体であり，企業のもつ公器としての社会性，公益性，公共性を認識することができる[34]。こうした観点から，企業の不祥事に対処すべき課題として，コーポレート・ガバナンス問題が議論されてきた所以がある。

一方，コーポレート・ガバナンス問題と関連して経営者問題がクローズ・アップされた。ところが，こうした経営者問題に関して，経営者の自覚と責任判断の希薄さが指摘できる。また，企業経営に関する全体の経営行動は，経営者で決まる。なぜなら，経営者は企業の代表であり，経営行動における意思決定を握っており，さらに，企業存続のための経営理念を受け継ぐ使命感があるからである。しかしながら，そうした使命感をも脱ぎ捨てたかのように，経営者の経営責任に対する無責任さが批判されている。

これには，二つの理由が挙げられる。第1に，経営者自身のワンマン経営色が濃く，経営者に権力が一極集中していることである。第2に，そのため組織構造における役割と責任の分離が不明確であり，不祥事が起きたときにそれを覆い隠そうとする傾向がある，といえる。

このように，企業の不祥事にはすべてではないが経営者が関係していることがわかる。ときに，日本企業における不祥事は，米国のそれとは異なる部分があるが，いずれ日本企業も米国で起きたような不祥事が頻繁に起こらないとも限らないのである。コーポレート・ガバナンスの構造上において，目にみえない意識が，企業全体のみならず，大規模な不祥事へと導いた場合，そこには大きな欠点と限界とがあることを必要以上に迫られるであろう。こうしたとき，コーポレート・ガバナンスがどこまで抑止力として機能するかは，すべて経営者次第であるといえるのである。

（2）　日本企業における責任と所有の問題

　次に，責任の主体に関して，それが責任と企業の所有者とに関係していて，責任における明確な主体があいまいであると指摘できる。本来，企業が不祥事を起こした場合，企業の責任者である経営者がその責任をとるべきである。しかし，実際には閉鎖的組織や官僚的な組織構造により，なかなか経営者だけに責任の主体があるとはいえない風潮がある。なぜなら，株主に関しては，商法で有限責任とされている。また，法人の株式所有による場合にも法人には責任能力は問われないとされている。したがって，その責任を経営者にもとめることができるが，ことをうやむやにして責任の主体をはっきりさせないのが特徴である。

　また，バブル経済崩壊後に多発した企業不祥事に対して待望論のようにして登場したのがコーポレート・ガバナンスである[35]。そのため，日本企業におけるコーポレート・ガバナンスは企業不祥事に対処する方法論であると同時に，それにだれもがその方法論に対して疑問をいだかずにいたことである[36]。そして，経営者の経営責任については責任の主体があいまいであることを残す点で，日本企業のコーポレート・ガバナンスにおける責任と所有とが交錯する問題点であり，不明確なところである。

　さらに，企業不祥事で経営者に経営責任をもとめることでは，株主代表訴訟制度が挙げられる。この制度について，平田（2000）によると，株主代表

訴訟とは,「個々の株主が会社に代わって会社のために取締役の責任を追及することが認められている[37]」と指摘している。

だが,これで企業の不祥事がなくなったとはいえない。そもそも,株主代表訴訟制度の改正には,1990年代における不祥事の頻発が引き金になって,進められた背景があるからである。しかし,21世紀に入り,依然,企業の不祥事はとどまることがない。経営者に対する監視・牽制の観点からいえば,確かに株主代表訴訟制度は必要な法的手段である。だが,それは経営者の責任に対しての法的な解決策であり,企業経営における本質の解決には至っていないといえよう。もっといえば,不祥事を未然に抑止するには,法的手段だけでは限界があるといえよう。そのため,さらなる抑止力の過程が不可欠である。そこでは,その抑止力として利害関係者を中心とする監視・牽制づくりに関する考察を,より詳細に論じる必要があると考えられる。

(3) 日本企業におけるコーポレート・ガバナンスの選択と実践

日本企業におけるコーポレート・ガバナンスへの対応はどうであろうか。日本企業にとって,2003年4月1日施行の改正商法はタイミングの悪かったことなのかどうかは別として,昨今の企業不祥事を受けて,新しく導入された形態が英米型コーポレート・ガバナンスである。おもに,コーポレート・ガバナンスを軸とした経営機構における抜本的改正は,昭和25年以来のことである。これにより,大会社においては,従来型,重要財産委員会の設置,委員会等設置会社の三つの選択により,新たなガバナンス・システムを構築し得ることとなったのである[38]。

企業におけるコーポレート・ガバナンス構築は将来に対して重要な課題である。確かに,米国型コーポレート・ガバナンスが世界標準モデルとして認識されつつある。また,日本企業の不祥事を受けて,従来型のコーポレート・ガバナンスに限界があるのではないか,という声がある。果たして,そうなのであろうか。他にもっと目にみえない大きな原因があるのではなかろうか。なぜなら,企業不祥事を客観的に防止しうるのではないかという観点

だけで，米国型コーポレート・ガバナンスを導入した観がある。さらに，米国型のシステムを導入しただけで，日本企業の風土に適したコーポレート・ガバナンス構築とは言い難いところがある。日本企業には，それぞれの企業風土に適合した企業独自のコーポレート・ガバナンス機構がもとめられる。それを遂行するのが経営者であり，そのためには経営者の意識改革と革新的育成，そして経営者能力[39]が企業経営のガバナンス構築に大きな影響と鍵を示唆しているといえよう。

　果たして，米国型コーポレート・ガバナンスはそれ以前と比べて，実効性があるのだろうか。この問に答えるには，まだ時間が早すぎるが，気がかりなことが一つある。それは，委員会等設置会社の導入についてである。この委員会等設置会社は米国型コーポレート・ガバナンスの特徴を模範していることがいえる。これに移行した場合は，報酬・指名・監査の三つの委員会と1人以上の執行役を設置する義務があり，従来型の監査役は廃止し，重要財産委員会の設置もできない。三つの委員会は取締役会の構成員であり，うち過半数を社外取締役から選任しなければならない。2003年10月1日現在，日本監査役協会によると，委員会等設置会社へ移行した大会社は69社（大会社全体の1%未満）となっていて，重要財産委員会へ移行した大会社はホンダ1社のみとなっている。

　委員会等設置会社の概観について触れたが，移行した大会社でいえば，ソニー，東芝，三菱電機，日立グループ，オリックス，イオン，パルコ，野村グループ，りそな，コニカミノルタなどである。また，従来型でいえば，大多数の大会社が維持している。とくに，依然として，トヨタ，松下，キヤノンなどは監査役でも十分に監査機能ができるとして，独自流の経営機構を導入し実践している。トヨタについては，社外取締役がいないにも関わらず，高い収益力を上げていて，健全な効率経営化を遂行している表れといえよう。

　このように，従来型においても，企業独自で経営機構を推進して取り組んでいる企業がある。一方で，委員会等設置会社へ移行した企業においては，

ソニー流経営機構や日立流経営機構としていて，それぞれの経営機構での相違がみられる。また，社外取締役をめぐっては，公平性，独自性などが問われるといえよう。とくに，日本企業において，社外取締役の選任をめぐっては米国のそれと比べて，客観的な独立性が低いと指摘されている。そのため，企業は独自の経営環境や企業風土に適合したコーポレート・ガバナンスの組織構造を目指す必要がある。だが，それには，組織構造面でのハードづくりだけでは限界があり，改善しないであろう。そのため，それを克服し解決し得るのが，経営者のソフトづくり（創造的・革新的経営者や従業員の育成）を中心とする経営革新が必要であり，それにより，はじめて長期的で合理的な洗練されたコーポレート・ガバナンスの組織構造が実効性をもつといえよう。

（4） 日本企業における経営者実践

コーポレート・ガバナンス構築の目的は，企業不祥事を未然に抑止し，利害関係者との利害調整を考慮し，健全で透明性の高い経営を遂行することで企業競争力を強化し，企業価値を高めていくことである。そのためには，コーポレート・ガバナンス構築に関する議論に終着はない。企業にとって適格なコーポレート・ガバナンス構築を遂行するには，その独自の企業風土に適合したコーポレート・ガバナンス構築がもとめられるのである。その最適なコーポレート・ガバナンス構築を実践するのが経営者の任務であると考えている。

また，どんなに優秀なコーポレート・ガバナンス構築であろうと，その機能の効果を十分に発揮させるのは経営者の創造性，実行力，リーダーシップ，使命感，企業倫理観，法令遵守等に関わっていることを忘れてはならないのである。こうした経営者自身の問題を抜きにしては，コーポレート・ガバナンス構築の展開はあり得ないと考えられる。

こうして，経営者の意識改革と人材育成により，企業独自のコーポレート・ガバナンスが遂行され機能することで，はじめて企業不祥事の抑止力と

企業競争力の強化とを組織構造において，克服し，解決の道を歩めることができるのである。だが，経営者が何もせずにいるだけでは，絵にかいた餅であり，コーポレート・ガバナンスは機能しないであろう。また，経営者としての人間的魅力，信頼感，リーダーとしての資質を発揮し，その上で企業経営を実践していくことが重要である。そのためには，経営者の創造的・革新的人材のソフトづくりが期待されるところである[40]。したがって，今後は，経営者に重点を置いたコーポレート・ガバナンス構築を，より詳細に考察していく必要がある。

5 米国型コーポレート・ガバナンスの問題点

（1） 米国企業におけるコーポレート・ガバナンス問題

米国企業における不祥事は2001年から2002年にかけて，米国全土を揺るがすほどの事件にまで広がった。エンロン，ワールドコムにおける不正会計が米国政府をはじめ，議会，金融業界などに大きな波紋を投げかけたからである。これまでの1990年代の好景気とは裏腹に，米国企業への強い不信感とそれまで称賛されてきた米国型コーポレート・ガバナンスにも暗い影が潜んでいたのである。

米国型コーポレート・ガバナンスの特徴は，図6に表されるように，①取締役会での社外取締役が過半数を占めていること，②監査役がいないことであり，会計監査人としての監査法人・公認会計士と，社外取締役で構成する監査委員会とが取締役会を監査することである。なお，監査委員会は，あくまで株主の代理人として，株主の利益を考慮することに専念している。また，③株主総会において，取締役が選任されるのは日本の経営機構と共通であるが，経営機構の組織構造の仕組みは異なっている。そして，④外部の声として，機関投資家による圧力が日本より断然強く，企業経営に対する厳しい監視と緊張感が違うこともいえるのである。

図 6　米国企業の経営機構

```
                      株主総会
         選任・解任  /        \  選任・解任
                  /            \
    ┌─────────────────┐          ┌──────────┐
    │   取締役会       │          │ 会計監査人 │
    │ 取締役会会長     │   監査   │ 監査法人   │
    │ 社外取締役       │─委任→  指名委員会    │ 公認会計士 │
    │ 社内取締役       │          └──────────┘
    │        監督 選任・解任  監査  報酬委員会
    │   執行役員              監査委員会
    │   CEO, COO, CFO         訴訟委員会
    │                         企業統治委員会
    └─────────────────┘       など
                      監視
```

ガバナンス / マネジメント

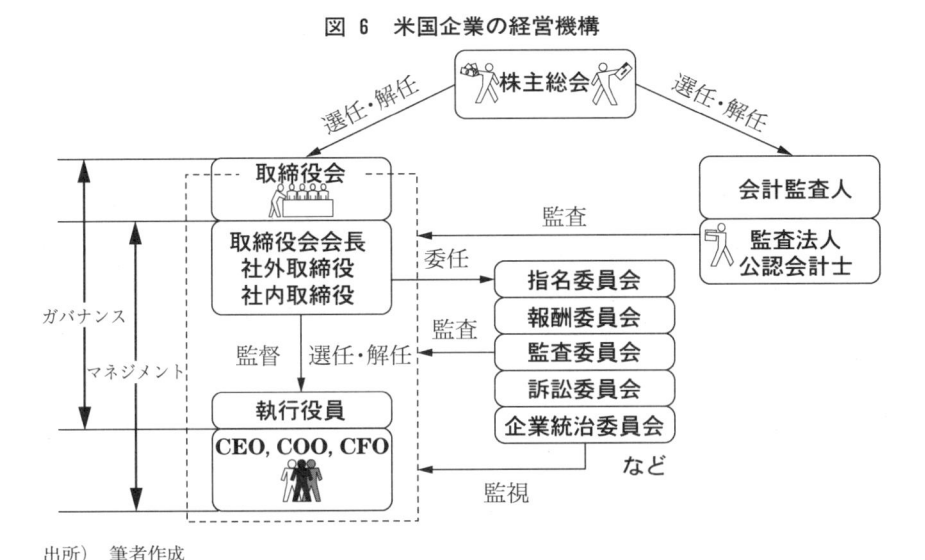

出所）　筆者作成

（2）　米国企業の不祥事と経営者問題

　1990年代の米国経済は景気回復とIT（情報通信技術）産業発展の勢いで，まさにITバブルの到来であった。しかし，そのITバブル崩壊後に起きた企業不祥事は，米国型コーポレート・ガバナンスが決して完全ではなく，そこには目にみえない影が潜んでいたのである。これらの不祥事の要因については，①米国型コーポレート・ガバナンスのチェックが機能していなかったこと，②経営者による独断と企業倫理の欠如が過大だったこと，③そのため，私利私欲の経営により機関投資家，株主などの利害関係者や市場全体への信頼喪失による反社会的行為があったこと等が挙げられる。

　また，米国型コーポレート・ガバナンスが機能していなかったことについては，取締役会，社外取締役，会計監査などにおいて独立した立場ではなかった。このようなことに陥ったのにはいくつかの理由が挙げられる。

　第1に，経営者の過剰な利益追求による行き過ぎた経営が遂行されていたため，第2に，利益追求する姿勢はあったが，それが経営者自らの私腹を肥

やすためのストック・オプションとしてのインセンティブであったこと，第3に，企業業績が低迷しているにも関わらず，従業員には自社株式を勧めたが，経営者だけは株式を売り抜けて甘い汁を吸っていたこと，そして第4に，監査法人との癒着関係や株価操作，市場全体へのインパクトが波紋を呼んだことである。

　これらの要因として，コーポレート・ガバナンス問題における重要な課題は経営者問題であるといっても差し支えないであろう。その経営者をだれが，いかにして監視・牽制すべきなのかが問われているのである。米国の場合においては，政府の早急な法的処置，SEC，NYSE，ナスダックなどの上場規制のチェックが光っている。そのため，米国型コーポレート・ガバナンスは修正を加えるようにして，米国の国情と企業風土に浸透し，適応していると考えられる。

　このように，米国企業の不祥事は経営者に対し，いかに監視・牽制の充実をはかれるかが重要課題である。そのため，今後は経営者に対して緊張感を与える環境として，市場からの経営者チェック，機関投資家の圧力といった外部の声を反映できるコーポレート・ガバナンス・システムの構築や経営者改革と人材育成を強化すべきであろう。そうすることで，より善いコーポレート・ガバナンス構築の確立が実行され，コーポレート・ガバナンス上における問題解決への糸口に繋がるのではないか，と考えられる。そこでは，具体的に，経営者改革と育成についての詳細を考察する必要がある。

（3）　米国企業の経営者問題と機関投資家

　今日，コーポレート・ガバナンスをめぐっては，世界的に活発に議論がなされてきたと述べた。コーポレート・ガバナンス議論は，1990年代初頭，欧米から欧州大陸，日本，東南アジア，ラテンアメリカへと広まっていった[41]。

　その背景には経済のグローバル化に伴い，株式市場において機関投資家の台頭が目立ち，厳しい眼で企業経営を監視するようになったからである。と

くに，機関投資家は相次ぐ企業不祥事に対して，外部からの圧力として物言う機関投資家へと変わってきた。こうした背景には，1974年のエリサ法や1988年のエーボン・レターなどの法的整備と議決権行使の権限とが機関投資家を後押ししていることが大きく作用しているといえよう。

　米国においては経営者と利害関係者とのなかで，とくに機関投資家の存在がきわめて大きい。1990年代初頭には，IBM，GM，コダック，ウェスティングハウス，アメリカン・エキスプレスなどのCEOが業績不振で辞任に追い込まれたのも，機関投資家による圧力といわれている。このように，機関投資家の台頭により，企業は機関投資家の存在を意識して，利害調整をすることが今後の企業経営における生命線であるといえるのである。

　近年，コーポレート・ガバナンスの実践における重点は，企業不祥事とガバナンスから企業競争力とガバナンスへと問題が移ってきている[42]。そうした状況のなかで，外部からのモニタリングチェックとして，機関投資家の影響力が企業の競争力を促進している。また，企業は利害関係者との関係を調和していくことが不可欠になったことがいえる。こうした背景には，イギリスの3委員会報告書[43]，1999年のOECDの『OECDコーポレート・ガバナンス原則』[44]，2000年の『インターナショナル・コーポレート・ガバナンス・ネットワーク（ICGN）原則』[45]などの経営者，機関投資家，市場監督機関が一体となって企業のコーポレート・ガバナンス原則に取り組んでいるからである[46]。

　次に，経営者問題のコンプライアンスと企業倫理の問題がある。企業全体が倫理なき組織体に染まっては，後戻りはできない。経営とは組織の問題でもある。その組織構造のなかでコーポレート・ガバナンスを形成するのが人間である。その人間がミッションを掲げ，ベクトルとしての進むべき方向を示唆していくのである。そうした組織体のなかでは，コンプライアンス経営，企業倫理の確立，経営理念が首尾一貫していなければならない。経営者が間違った方向へ走ったときには，経営者に代わる経営機構の構築が求められるのである。したがって，経営者をガバナンスする環境と組織構造や経営

者の積極的なコーポレート・ガバナンスへの取り組みが，未来の経営機構を構築する土台になることが確認できるといえる。

6 おわりに

本稿では，コーポレート・ガバナンスをめぐる議論と背景とに関する考察を行い，1990年代の先進諸国での企業不祥事が頻発したことに端を発しているコーポレート・ガバナンス問題の所在について整理し，コーポレート・ガバナンスの本質は経営者問題であると論述してきた。次いで，コーポレート・ガバナンス形態について，英米型，大陸欧州型，日本型の三つに分類し，企業概念と照らし合わせ，企業経営機構の類型および特徴を明らかにした。そして，日米企業の不祥事を通じて，そのおもな要因として経営者問題が挙げられ，経営者が企業独自のコーポレート・ガバナンス構築を実践することで，企業不祥事の抑止力と企業競争力の強化とが有効に機能しうることで，企業価値が高まるのであると確認してきた。

また，コーポレート・ガバナンス問題は経営者問題であることから，経営者の創造的・革新的人材育成が不可欠であり，経営者のコーポレート・ガバナンスへの積極的な取り組みと実践とが企業全体に浸透し，善き方向へと舵取りができるかが問題になると考えられる。したがって，コーポレート・ガバナンス構築を確立するためには，経営者の役割や働きかけなどが重要であり，そこでの真価が経営者に問われるであろう。

このように，コーポレート・ガバナンス構築を確立させるには，経営者がコーポレート・ガバナンス構築を遂行する実行者となって，企業全体の士気を上げることで，磨ぎ澄まされた組織構築がはじめて有効性を発揮しうるといえよう。また，経営者をさまざまな立場の利害関係者が，公平に監視・牽制することで緊張感ある対話・協働づくりを目指し，コーポレート・ガバナンスにおける利害関係者との利害調整を行う必要がある。

だが，決してコーポレート・ガバナンスは希望の光ではない。[47)] 企業不祥事が多発するなかで，ひときわ期待論として，コーポレート・ガバナンスが主

として企業経営機構に有効性があると，だれもが疑問を抱かずにいることである。コーポレート・ガバナンスは，人間の心のなかまではチェックすることができない。人間の心をチェックできるのは，人間である。その人間が経営する組織構造のなかに，確かにコーポレート・ガバナンスは必要である。しかし，コーポレート・ガバナンスの弱点を無視して，光のスポットだけを求めるのでは構造は変わらない。株式市場が低迷している今こそ，経営者の資質と力量とを見極め，経営者をガバナンスする機能の構築が改めて問われているのである。

今後のコーポレート・ガバナンスの研究課題に関して，筆者は，経営者問題を念頭に置いて，コーポレート・ガバナンスを確立させるには，何が望ましいかを検討する必要がある。そのためには，経営者としての社長に焦点をあてて，企業経営の実践に関して継続して研究を行っていく必要がある。つまり，コーポレート・ガバナンスは，社長が中心となって，企業不祥事の抑止力としての健全経営化と企業競争力を促進する効率経営化とを目指した組織的構築を実践することで，洗練された合理的で継続性のある企業経営における革新的なコーポレート・ガバナンス・システムの構築がはじめて実行可能になるのではないか，と指摘し，論を閉じることにしたい。

〈注〉
1) 菊池敏夫 (1997)「欧米企業の現状と問題点―先進諸国間で異なる当面の課題―」『マネジメントトレンド』Vol. 2, No. 1　経営研究所　p. 58
2) 平田光弘 (2001 b)「OECD のコーポレート・ガバナンス原則―デジューレ・スタンダード」『経営研究所論集』第 24 号　東洋大学経営研究所　p. 32
3) 平田光弘 (2000)「1990 年代の日本における企業統治改革の基盤作りと提言」『経営論集』第 51 号　東洋大学経営学部　p. 81
4) 同上　p. 81
5) 平田光弘 (1999 a)「英国におけるコーポレートガバナンス改革の実践」『経営論集』第 49 号　東洋大学経営学部　p. 225
6) 平田光弘 (2001 b)　前掲書　p. 34
7) 平田光弘 (2001 b)　前掲書　p. 34

8) 菊池敏夫（1994）「コーポレート・ガバナンスの検討―国際的視点から―」『経営行動』Vol. 9, No. 3　日本生産教育協会経営行動研究所　p. 7
9) 菊池敏夫（1999 b）「コーポレート・ガバナンスにおける日本的条件の探究」経営行動研究学会編『経営行動研究年報』経営行動研究学会，第8号　pp. 7-10
10) 菊池敏夫（2002）「企業統治と企業行動―欧米の問題状況が示唆するもの―」『経済集志』第72巻第2号　日本大学経済学研究会　pp. 75-82
11) 吉森賢（2001）『日米欧の企業経営―企業統治と経営者』放送大学教育振興会　p. 11
12) Cadbury report (1992) *Report of the Committee on the Financial Aspects of Corporate Governance*, Gee and Co. Ltd.
13) 同上　p. 15
14) 日本コーポレート・ガバナンス・フォーラム編著（2001 b）『コーポレート・ガバナンス―英国の企業改革―』商事法務研究会　p. 262
15) 厚東偉介（1997 a）「企業の『所有・支配・経営』と『コーポレート・ガバナンス』」日本経営学会編『現代経営学の課題』経営学論集第67集　千倉書房　p. 219
16) 同上　pp. 214-220
17) 詳しくは，平田光弘（2001 b）前掲書　pp. 23-39 を参照のこと。
18) 菊池敏夫（1997）前掲書　pp. 58-70
19) 詳しくは，吉森賢（1997）「企業統治―欧米の教訓―」『マネジメントトレンド』Vol. 2, No. 1　経営研究所　p. 65，菊池敏夫・平田光弘（2000）『企業統治の国際比較』文眞堂　p. 3 を参照のこと。
20) 菊池敏夫（1995）「現代企業のガバナンス構造」『経営論集』第43巻第1号　明治大学経営学研究所　p. 115
21) 吉森賢（1997）前掲書　p. 65
22) 同上　p. 65
23) 同上　p. 65
24) 平田光弘（1999 b）「EU および英国におけるコーポレート・ガバナンスの実践」『経営哲学の実践』森山書店　pp. 107-136
25) 詳しくは，出見世信之（1997）『企業統治問題の経営学的研究―説明責任関係からの考察―』文眞堂　pp. 125-160 を参照。
26) 小島大徳（2002 b）『コーポレート・ガバナンス原則の体系化』東洋大学大学院　p. 2
27) 菊池敏夫（1994）前掲書　p. 2

28) 菊池敏夫（1995）前掲書　pp. 115-126
29) 論者によっては，統治・経営制度の採用の見解が異なるため，本稿では，European Commission Internal Market Directorate General (2002 a) *Comparative Study of Corporate Governance Codes relevant to the European Union and its Member States*, Weil, Gotshal & Manges LLP. に依拠している。それによると，一元一層制か一元二層制のどちらかを選択できる国は，ベルギー，フィンランド，フランス，ギリシア，イタリア，ポルトガルの6カ国である。また，フランスの場合は，1966年以降からどちらかを選択することができ，前者を多く採用しているのが特徴である。
30) 海道ノブチカ（2003）「ドイツのコーポレート・ガバナンス改革」『商學論究』第50巻第3号　關西学院大学商学研究會　p. 2
31) 佐久間信夫（2001）「ドイツの企業関係と企業統治」『明大商学論叢』第83巻第2号　明治大学商学研究所　p. 38
32) 平田光弘（2003 b）「日本における取締役会改革」『経営論集』第58号　東洋大学経営学部　pp. 159-161
33) 平田光弘（2002 a）「日本企業の不祥事とコーポレート・ガバナンス」『経営論集』第57号　東洋大学経営学部　pp. 1-15
34) 詳しくは，山城章（1973）『経営学原理』白桃書房　p. 194, 飫冨順久（1999）「企業の社会性とその方向」菊池敏夫編『現代の経営行動―課題と方向―』同文舘　pp. 19-30 を参照。
35) 平田光弘（2002 a）前掲書　p. 3
36) 平田光弘（2002 a）前掲書　p. 1
37) 平田光弘（2000）前掲書　p. 87
38) 中会社（資本金1億円以上5億円未満，かつ負債総額200億円未満の株式会社）において，「みなし大会社」の場合には，重要財産委員会の設置および委員会等設置会社を採用することができる。詳しくは，平田光弘（2003 b）前掲書，pp. 159-178 を参照。
39) 清水龍瑩（1983）『経営者能力論』千倉書房，p. 67
40) 平田光弘（2002 a）前掲書　p. 14
41) 山崎明美・今出達也編著（1999）「コーポレート・ガバナンスの潮流」『SRIC Report』Vol. 4, No. 2　大和総合研究所　3月号　p. 24
42) 平田光弘（2002 a）前掲書　p. 4
43) Cadbury Report (1992) 前掲書, Greenbury Report (1995) *Report of a Study Group chaired by Sir Richard Greenbury*, Gee and Co. Ltd., Hampel Report (1997) *Committee on Corporate Governance*, Gee and Co. Ltd.

44) OECD (1999) *OECD Principles of Corporate Governance*, Organization for Economic Co-operation and Development.
45) ICGN (2000) *Statement on Global Implementation of ICGN Share Voting Principles*, International Corporate Governance Network.
46) 小島大徳 (2003 a)「コーポレート・ガバナンス原則と企業の実践―企業独自原則の策定を目指して―」日本経営学会編『日本経営学会誌』第9号 千倉書房　p. 31
47) 平田光弘 (2001 c)「新世紀の日本における企業統治の光と影」『新世紀における経営行動の分析と展望―その光と影と―』経営行動研究学会第11回全国大会要旨集　p. 90

〈参考文献〉

European Commission Internal Market Directorate General (2002 b) *Discussion Of Individual Corporate Governance Codes Relevant To The European Union And Its Member States*, Weil, Gotshal & Manges LLP.

Gregory, Holly J. (2002) *Comparative Matrix Of Corporate Governance Codes Relevant To The European Union And Its Member States*, Weil, Gotshal & Manges LLP.

Hirata, Mitsuhiro (2001 d) *How Can We Formulate a Theory of Corporate Governance?*, Keieironshu, Toyo University, No. 54, pp. 37-44.

Jeroen Weimer and Joost C. Papr (1997) "A Taxonomy of Systems of Corporate Governance", *an international review*, Spencer Stuart.

5 報酬としての企業内移動
――中心方向への移動を中心に――

石毛　昭範

キーワード
報酬　企業内キャリア　企業内移動　昇進　中心方向への移動

1 はじめに

　本稿は，企業内キャリアとりわけ企業内移動のもつ「報酬」としての側面に注目し，企業内移動のもつ意味について考察しようとするものである。その中でもとりわけ，企業内移動の中でもこれまであまり注目されてこなかった「中心方向への移動」をとりあげ，企業内移動においてこの「中心方向への移動」が他の移動（とりわけ昇進）とどのように組み合わされて従業員に対して与えられてきたかについて，実証的に考察していくこととする。

2 企業内移動の意義
（1）　企業内移動の三つの方向

　本節では，企業内移動のもつ意義について述べたい。企業の中で従業員が移動する方向には，大きく分けて三つの方向が考えられる。第1に，垂直方向への移動（vertical mobility），すなわち，企業内の階層に沿って移動する

ことであり，その典型が昇進である。第2に，水平方向への移動（horizontal mobility），すなわち，企業内の階層上の位置が変わらないままで，異なった仕事に移動することである（職能ないし技術次元に沿った移動ともいわれる。Schein, 1978）。一般に企業内での移動は，この垂直・水平の2方向の移動の，単独もしくは両者の組み合わせという形で行われるといわれている。

しかし，これに加えて第3の方向が考えられる。それは企業の中心方向への移動である（Schein, 1978）。シャイン（E. D. Schein）はこの移動を，企業内での責任の増大などに伴い，メンバーシップの次元に沿って，組織の核に向かう移動であり，通常，垂直方向への移動と関連しあうが，これを伴わないこともありうるとしている。シャインはこの垂直・水平・中心の3方向の組織内移動を「組織の三次元モデル（A Three-Dimensional Model of an Organization）」と称した。企業の中心方向への移動は水平方向への移動の一形態ともいえるが，あえて別の類型とするのは，後述のとおり両者のもつ意義が異なるからである。以下，この三つの方向のもつ意義について述べる。

（2） 昇進の意義

垂直方向上方への移動，すなわち，昇進については有賀他（1996）がよく整理されているので，これに基づき述べる。

昇進には三つの意義がある。第1は，仕事に適した人の配置である。第2は，より優れた人をより重要なポスト（地位・仕事）につけるための選抜である。第3は，インセンティブ，とりわけ長期の技能形成の促進である。

第1の意義は，企業組織が階層構造を成しており，その中で個々の仕事が配置されていることから，昇進によって仕事に適した人の配置が可能になるということである。第2の意義は，企業内での従業員（役員も含んでよいと思われる）の技能に関する情報を収集したうえで選抜するということである。第3の意義は，金銭的報酬の増加や社会的なステイタスの上昇などが期待できることから，昇進はインセンティブとしての役割を果たすのである

が，第2の意義で述べたようにより高い技能が求められるため，従業員の技能形成がはかられるということである[2]。

(3) 水平方向への移動の意義

水平方向への移動，すなわち，配置転換の意義は，適性発見の機会の提供，仕事の幅の拡大，異なる部門などの間の人的交流などである（佐藤，1990）。

小池［1991］はこの中でとくに仕事の幅の拡大（小池の言を借りれば「専門性と，そのなかでのはば広さ」）を重視している。仕事を進める以上，専門性が必要なのは当然である。そこであえて「そのなかのはば広さ」が求められるのはなぜか。小池はその理由として第1に多様性への対応，第2に変化への対応，第3に重層的効果をあげている。いずれも水平方向への移動によりそれぞれの仕事で行われるOJTおよびその間で行われるOff-JTの効果としての意義であるが，小池はこのうち重層的効果すなわち関連の深い領域の経験を重ねると，その相互作用が期待できるということを強調している。

なお，昇進の意義の第1で述べた「仕事に適した人の配置」は，水平方向への移動にも当てはまるものと考えられる。企業にとってもその従業員の短期的業績および長期的技能形成が可能な仕事への配置転換が必要であり，従業員にとっても，金銭的報酬面では勿論，より適した仕事への配置の可能性があるという意味でも水平方向への移動の意味はあろう。

(4) 中心方向の移動の意義

中心方向への移動の意義は，第1に，その企業における実質的な地位の上昇になる，すなわち，昇進と同様の効果をもつという点である。

これについてSchein（1978）のあげる中心方向への移動の例は，組織内で特典を得ることや組織の秘密（方針や計画など）を入手できることである。同一の地位（たとえば，部長）であっても，経費支出を決定できる上限が上がることはこの特定にあてはまる。また個別の事業部門の責任者（たとえ

ば，業務部長）から企業全体の経営戦略立案の責任者（たとえば，企画部長）に転じる移動はこの組織の秘密の入手にかかわっていると思われる。さらに具体的には，パートタイム従業員から正規従業員への転換や，企業の重要な意思決定にかかわる委員会に所属することなども中心方向への移動に含めてよいと思われる。

若林［1988］はこの移動を「同一地位・同一部署（機能）内で，仕事の中身が組織にとってより重要で中心的なものへと移動していく過程を意味している。すなわち，地位・機能が同一のまま，組織にとっての自己の重要性が変化する（中心的な仕事や決定・情報を取り扱うようになる）ことで，組織の内部へとより近づくことを意味する」と述べている。

そして第2の意義は，第1の意義にかかわるが，実質的な地位の上昇でありながら，昇進を伴わないことがあるということである。このことの最大の効果は，企業にとって金銭的報酬（とりわけ，いわゆる役職手当）の変更がないためコスト上昇がないということである。

最後に第3の意義は，これも第1の意義と重なるが，より企業にとって重要な部分に関わるということで，その従業員に対する信頼が高まり，本人の責任感も高まることによって，本人の成長が促されるということである（金井，1999）。このことは昇進にもあてはまることであるが，より重要ないし難しい仕事に挑戦させ，上位者のアドバイスや支援などを得ながらその仕事を達成していくことは，企業内教育（主にOJT）の重要な機能の一つである。中心方向への移動はこの機能に大きく関わっているといえよう。

3　報酬としての企業内移動

本節では，企業内移動の意義のうち，とくに「報酬」としての意義について述べる。モティベーション理論，とくに期待理論（Vroom, 1964；坂下，1985など）では，従業員が努力して「特別の結果」を得られる可能性が高いと認知すればするほど，より多くの努力を傾注するとされている。この「特別の結果」としてあげられている個人的な報酬の中には，昇給や上司からの

賞賛などに加え，企業内移動，たとえば，昇進や従業員自身が望む部署への移動があげられている。

　ここでもあげられているように，企業にとっては報酬の一つである，ある種の企業内移動を提供すること（ないしはその期待をもたせること）は，従業員のより多くの努力を引き出し，これを通して企業の業績を向上させる効果をもつ可能性があるといえる。

　ところが他方で，この報酬としてあげられている諸項目の中には，これを従業員に与えることによってコストが生じる，あるいは企業の組織における効率低下の可能性が生じるものが多い。たとえば，昇給やボーナスは企業としてのコストの側面をもつため，あまり多額なものは継続困難である。

　実は企業内移動とりわけ昇進も同様の側面を有している。すなわち，前述のとおり昇進は企業内での階層の上昇であり，昇給や社会的なステイタスの上昇を伴う。このうち昇給はいうまでもなくコストの増加である。また社会的なステイタスの前提となる上位の地位（ポスト）へ昇進させるためにはそれに応じたポストの空席が必要であるが，空席には限界がある。新たに空席をつくりだす，すなわち，新しいポストをつくることは，わが国の企業ではよく見られることであったが，そもそも企業組織の運営上，規模や事業の拡大を伴わないままポストのみが増加することは必ずしも望ましいことではない。また新しいポストをつくるためにやはりコストが必要になる。[3]

　したがって企業は，その効果を斟酌しながら報酬を与えることは当然として，それに加えてコスト上昇や組織の効率低下につながらないような報酬をつくりだし，与えている可能性がある。前述の上司からの賞賛はその一つであるが，従業員が当該企業における自己の位置づけ（実質的な地位の上昇）をより明確に認識し，あるいは担当している仕事によって得られるスキルが量や質の面でよりよいものになっているのであれば，そのような地位や仕事への移動は，たとえそれによって直接的な金銭的報酬の増加がもたらされなくとも，従業員の努力をもたらす効果を十分に有していると考えられる。

　このような企業内移動として考えられるものの一つとして，中心方向への

移動があげられる。中心方向への移動は，前述のとおり企業内での実質的な地位の上昇でありながら，昇進を伴わなければコスト上昇がないからである。

　もしこの考察が妥当であれば，企業内移動のうち，実質的な地位の上昇である昇進と中心方向への移動を何らかの形で組み合わせて報酬として与えている可能性が考えられる[4]。そこで，次節では企業内移動における昇進と中心方向への移動の組み合わせの実態について，金融機関を例とした分析を示すこととする。

4　企業内移動における昇進と中心方向への移動の実態
　　　——金融機関の例

（1）　分析対象・分析方法

　本節では，内部昇進によって役員に就任しトップにまで至った人の企業内移動の過程を，役員就任前の3経歴に限定して分析した。内部昇進のトップは，一般的に見てキャリアの「成功者」と考えられ，その企業内移動の過程は，ある程度の紆余曲折はあり得るとはいえ，おおむね企業内でより重要な位置への移動が重ねられていると考えられる。とりわけ役員就任前という段階は企業内での選抜過程として能力や業績の見極めが行われている段階であると考えられ，トップにまで至った人の場合，その段階で好評価を受け，報酬としての企業内移動もより高いレベルのものが与えられていることが予想される。

　なお本研究での分析対象者は，金融機関のトップ（1998年6月時点[5]）とした。この業種の選択理由は，比較的良質のデータが入手できること，他業種に比べ人事制度が比較的よく整備されておりキャリアも意図的に形成されている可能性が強いこと，筆者のかつて勤務していた業種であり業務内容の分類が比較的容易なことである。具体的には『日本金融名鑑』（1999年版）に掲載されている都市銀行・地方銀行（地方銀行協会加盟行のみ）・信用金庫のトップ（銀行については「頭取」，信用金庫については「理事長」）のうち，役員

就任前に当該企業において10年以上の在職経験をもつ人全員を対象とした。ただし、キャリアに関する分析の必要上、役員就任前の経歴が3経歴以上記載されていない人は除外した。この結果、都市銀行9人・地方銀行34人・信用金庫127人、計170人が分析対象となった。

また、昇進についてはいわゆる肩書の変化（たとえば、課長→部長）で判断した。中心方向への移動については、営業店から本部への移動、本部相互間であればより重要度の高いと思われる部門への移動[6]、営業店相互間であればより店舗規模が大きい（データの制約上従業員数で測定）あるいは開設年が古い店舗への移動であるかどうかで判断した[7]。

(2) 分析結果
1) 全体像

まず全体像を示す（表1）。役員就任3経歴前をみると、営業店のうち支店長がもっとも多く（97人、57.1％）、これも含めて営業店勤務者の割合が3分の2近くにのぼっている（112人、65.9％）。本部の中でも部長にまで昇進していない（副部長以下）の割合が多い（副部長以下および特別職で39人、22.9％）。これが2経歴前になると営業店（95人、55.9％）と本部（75人、44.1％）の割合が拮抗してくるとともに、本部の中では部長の、営業店の中では本店営業部門長の割合が増加している。そして役員就任直前になると本部、とりわけ部長の割合が多くなり（96人、56.5％）、営業店では本店営業部門長（31人、18.2％）が支店長（23人、13.5％）を上回るに至っている。

全体としてみると、第1に、営業店から本部への動きがあるものと推測される。これは中心方向への移動、すなわち、より企業の中心に近い（または中心そのものといえる）本部への移動である。第2に、本部の中では部長への動きが、営業店の中では本店営業部門長への動きがあるものと推測される。このうち本部内での動きは垂直方向への移動といえる。たとえば、課長→次長→部長というように昇進していくわけである。営業店内での動きは中

表 1 役員就任前3経歴の推移
（トップ・本部営業店別・地位） (単位：人，％)

		3経歴前	2経歴前	直前
本部	本部長	0(0.0)	0(0.0)	1(0.6)
	副本部長	1(0.6)	2(1.2)	1(0.6)
	本部部・室・所長	18(10.6)	45(26.5)	96(56.5)
	本部副部長・次長	19(11.2)	16(9.4)	5(2.9)
	本部課長	18(10.6)	10(5.9)	6(3.5)
	本部代理	1(0.6)	0(0.0)	0(0.0)
	本部特別職	1(0.6)	2(1.2)	2(1.2)
	（本部計）	58(34.1)	15(8.8)	31(18.2)
営業店	本店営業部門長	9(5.3)	15(8.8)	31(18.2)
	本店営業部門副部長・次長	5(2.9)	5(2.9)	2(1.2)
	支店長	97(57.1)	75(44.1)	23(13.5)
	出張所長	1(0.6)	0(0.0)	0(0.0)
	（営業店計）	112(65.9)	95(55.9)	56(32.9)
その他(支配人・出向)		0(0.0)	0(0.0)	3(1.8)
計		170(100.0)	170(100.0)	170(100.0)

注) 支店長には事務所長・新店舗開設準備委員長を含む。
出所) 『日本金融年鑑』(1999年版) より筆者作成

心方向への移動，すなわち，営業店の中でより中心に近い本店営業部門への移動である。これらを総合すると，中心方向への移動と昇進への移動の両方が起こっているということになる。

　しかし，これはやや皮相的な見方である。個々の移動過程を見てみると多様な動きがある。そこで本部・営業店間の移動に焦点を当ててみる。役員就任前の3経歴を本部・営業店間の移動過程別に見たのが表2である。上で述べた営業店→本部という動きが全体の中で占める割合は確かに大きいといえる（68人，40.0％。営業店→本部→本部と営業店→営業店→本部の計）が圧倒的多数ではない。意外に多いのがずっと本部のまま（24人，14.1％。本部→本部→本部），営業店のまま（33人，19.4％。営業店→営業店→営業

表 2　役員就任前 3 経歴の移動過程
（トップ・本部営業店別）

(単位：人，％)

3経歴前	2経歴前	直前	人数(％)
本　部　→	本　部　→	本　部	24（ 14.1）
本　部　→	本　部　→	営業店	5（ 2.9）
本　部　→	営業店　→	本　部	19（ 11.2）
営業店　→	本　部　→	本　部	35（ 20.6）
営業店　→	本　部　→	営業店	9（ 5.3）
営業店　→	営業店　→	本　部	33（ 19.4）
営業店　→	営業店　→	営業店	33（ 19.4）
その他			3（ 1.8）
計			170（100.0）

出所）　表1に同じ

店）という人である。また，本部と営業店を往復する移動もあり（28人，16.5％．本部→営業店→本部と営業店→本部→営業店の計），営業店→本部の動きとは逆に本部→営業店という動きも少ないながら見られる（14人，8.2％．本部→本部→営業店と本部→営業店→営業店の計）。

2)　営業店→本部の移動がある場合

ではこれらの動きを分析する。まず営業店→本部の移動（営業店→本部→本部，営業店→営業店→本部）を検討する。この場合は，営業店より本部の方が中心に近いと考えられるので，中心方向への移動と見てよいであろう。

ただ，この過程で昇進があったかどうかが問題になる。表3のとおり，営業店→本部の移動過程で明らかに昇進と見られる移動は少ない（68人中10人，14.7％）。ここで，営業店長から本部部長への移動を昇進と考えるかどうかが問題となるが，ここでは，少なくとも中心方向と考えられる移動の存在を確認しておくにとどめる。

3)　3経歴とも本部経歴のみ，または3経歴とも営業店経歴のみの場合

3経歴とも本部のままあるいは営業店のままという動きには，三つのパターンが考えられる。まず第1に，本部や営業店の中で垂直方向の移動，すなわち，昇進していることが考えられる。つまり，中心方向への移動はないかもしれないが，垂直方向の移動は起こっているということである。第2に，本部や営業店の中で，より中心に近い方向への移動が起こっていることが考えられる。本部の各部門や営業店の中でより中心に近い部門があることは既

表3 役員就任前3経歴の移動過程
（トップ・「営業店→本部の移動」）

(単位：人)

3経歴前		2経歴前		直　前	人　数
本店店長	→	本部部長	→	本部部長	7
本店店長	→	本部特別職	→	本部部長	1
本店店長	→	支店長	→	本部部長	1
本店次長	→	本部次長	→	本部部長	2
本店次長	→	本店店長	→	本部部長	1
支店長	→	副本部長	→	副本部長	1
支店長	→	本部部長	→	本部部長	16
支店長	→	本部副部長	→	本部部長	2
支店長	→	本部次長	→	本部部長	4
支店長	→	本部課長	→	本部部長	2
支店長	→	本店店長	→	本部部長	7
支店長	→	本店店長	→	本部課長	2
支店長	→	支店長	→	本部部長	14
支店長	→	支店長	→	本部次長	3
支店長	→	支店長	→	本部課長	4
支店長	→	支店長	→	本部特別職	1

注）　アミカケ部分　は昇進とみなされる移動
出所）　表1に同じ

に述べたとおりである。第3に，第1の場合と第2の場合の組み合わせ，すなわち，昇進とより中心に近い部門への移動が同時に起こっていることが考えられる。

では，昇進と中心方向の移動の存在を検証する。まず昇進であるが，3経歴とも本部の場合から見てみよう。3経歴とも本部（24人）のうち，昇進を伴う移動があった人は18人，なかった人は5人，不明が1人であった（表4）。昇進のなかった人は全員3経歴すべて本部部長であり，明らかに降格と見られる移動はなかった。やはりずっと本部のままである場合，昇進があり，本部部長まで到達した場合はそこに留まる（ただし，中心または水平方向への移動はありうる）のが一般的であるといえる。

**表4　役員就任前3経歴の移動過程
（トップ・「3経歴とも本部のまま」）**

（単位：人）

	3経歴前	2経歴前	直前	人数
昇進あり (18)	本部部長 →	本部部長 →	本部長	1
	本部次長 →	本部部長 →	本部部長	5
	本部次長 →	本部副部長 →	本部部長	1
	本部次長 →	本部次長 →	本部部長	1
	本部課長 →	本部部長 →	本部部長	2
	本部課長 →	本部次長 →	本部部長	2
	本部課長 →	本部課長 →	本部部長	3
	本部課長 →	本部課長 →	本部次長	1
	本部代理 →	本部次長 →	本部部長	1
	本部特別職 →	本部課長 →	本部副部長	1
昇進なし(5)	本部部長 →	本部部長 →	本部部長	5
不明(1)	副本部長 →	本部部長 →	本部部長	1
			計	24

注）アミカケ部分は昇進とみなされる移動
出所）表1に同じ

次に3経歴とも営業店の場合を見る。3経歴とも営業店（33人）のうち，昇進を伴う移動があった人は4人，なかった人は14人，不明が15人であった（表4）。明らかに昇進といえる移動は少なく，明らかに降格といえる移動もなかった。昇進のなかった人は全員3経歴すべて支店長である。

ここまでの分析からは，3経歴とも本部の場合は昇進が起こるのが一般的であるのに対し，3経歴とも営業店の場合は（ずっと支店長である人が少なくないことも勘案すると）明らかに昇進が起こるとはいえない。

では次に中心方向への移動を検証する。(1)で述べたとおり，本部の中でも特定の部門が，営業店であれば本店営業部門が企業の中心方向に近く，また営業店の中で支店であれば従業員数・開設年によって中心方向への近さを判断できることを前提とする。また，ここでは上記の昇進の存在の分析で「昇進なし」あるいは「不明」とされた人を対象にして分析を行うこととする。

まず3経歴とも本部の場合であるが，中心方向への移動が存在すると思われるのは3人であった。このほか，中心方向と水平方向の両方の移動がある（1人），水平方向への移動のみ（2人）が見られるものの，中心方向への移動が主であるといえよう。

また3経歴とも営業店の場合であるが，まず支店長→本店店長の移動がある人は基本的に中心方向への移動があると解するべきであろう。もっとも多い支店長→支店長の移動については，役員就任前3経歴前からの移動のうち中心方向とみなしうる移動が2移動であったのが5人，1移動であったのが8人，0であったのが1人であった（ただ，このうち地方銀行・信用金庫の東京・大阪・福岡という大都市の拠点への移動を中心方向への移動とみなすと2移動8人，1移動6人となる）。また，中心方向への移動とみなさなかった移動でも，明らかに小規模の支店への移動というケースはほとんどないこと，役員就任直前にはかなり開設年の早い支店で（開設40年以上＝1958年以前開設の支店の店長が10企業を占める），当該企業にとって古くから根を張っている地域を任される支店長になっていることが特徴的である。このよう

に，ずっと営業店，とりわけ支店長のままの移動であっても，単なる水平移動というより，中心方向への移動とみなしうる移動が多いことが推測できる。

最後に昇進と中心方向への移動の組み合わせについて見てみたい。これがもっとも明確に現れているのは，本部で昇進を伴いつつ所属部門が中心に近いといえる部門になっている移動である。ここでは，3経歴とも本部かつ昇進があった人を対象として分析する。

ここで判断できることは，昇進を伴った中心方向への移動は非常に少ないこと，前述の昇進のない（または不明）場合と比較しても，中心方向への移動自体が少ないことである。むしろ目立つのは，同一部門での昇進である。3経歴とも同一部門が5人，2経歴同一部門が6人で，3経歴とも一応異なる部門を移動しているのは7人である。しかしこの7人の中にも，実質的に同一部門とみなせる移動のある企業（2人）や，近接していると思われる部門への移動がある企業（3人）もあり，全体としては同一ないし近接している部門間の移動が多いといえる。

ここまでの分析から次のように結論づけられよう。

まず昇進および中心方向への移動が存在するかどうかについては，役員就任前3経歴ずっと本部の経歴の場合は昇進または中心方向への移動が見られることが多いのに対し，ずっと営業店の経歴の場合は明らかに昇進が起こるとはいえないが，中心方向とみなしうる移動が多いと推測される。

次に昇進と中心方向への移動の組み合わせについてずっと本部の経歴の場合で見たところ，昇進を伴った中心方向への移動は少なく，昇進を伴う場合は同一部門ないし近接していると思われる部門間の移動が多いことが明らかになった。

以上から，昇進と中心方向への移動は，どちらかが起こっていることが多く，両方が同時に起きる，または両方とも起きないということは少ないものと考えられる。

表 5　役員就任前3経歴の移動過程（トップ・「3経歴とも営業店」）

(単位：人)

	3経歴前		2経歴前		直　前	人　数
昇進あり	本店次長	→	本店副部長	→	本店店長	1
(4)	本店次長	→	支店長	→	本店店長	1
	支店長	→	本店次長	→	本店店長	2
昇進なし(14)	支店長	→	支店長	→	支店長	14
不　明	支店長	→	本店店長	→	本店店長	1
(15)	支店長	→	支店長	→	本店店長	13
	支店長	→	支店長	→	本店次長	1
					計	33

注） 1.　アミカケ部分 は昇進とみなされる移動。
　　 2.　「本店営業部門長」を「本店店長」と略称で示している。
　　 3.　本店次長→支店長→本店店長の移動は，3経歴前と直前を比較して昇進とみなした。
出所）表1に同じ

4) 本部→営業店の移動がある場合，および本部・営業店の往復を伴う移動がある場合

　まず，一見中心方向への移動とは逆の，本部→営業店の移動がある場合を検討する。これは比較的少ない（14人，8.2％。本部→本部→営業店と本部→営業店→営業店の計）。このパターンは，役員就任直前の部門によって「本店営業部門に向かう移動」（9人）と「支店に向かう移動」（8人）に分けることができる。前者のうち6人は支店長→本店店長の移動が見られ，全体として前者のパターンは本店営業部門という中心に近い部門への移動があるといえる。後者の場合，役員就任直前の配属支店の当該企業における位置づけが問題になる。この支店が当該企業にとって重要な位置を占める支店であれば，そこに向かう移動は中心方向への移動と考えられるからである。ここでは前述の支店→支店の移動の分析で用いた基準によって分析した。その結果，全員に当該企業で比較的重要と思われる支店への移動があることが明らかになった。すなわち，本部→営業店の移動であっても，中心方向への移動と考えられる移動が多いことが明らかになった。

次に、本部・営業店の往復を伴う移動（本部→営業店→本部，営業店→本部→営業店）を検討する。前者は19人と多いが，営業店→本部の移動の変形であり，実質的に中心方向への移動と考えられる。後者は9人とあまり多くないが，本部→営業店の変形と考えられ，前節と同様の検討が必要になる。まず，本店営業部門への移動が5人いたが，これは実質的に中心方向への移動と考えられる。次に，支店への移動が4人いた。これについて前述の支店→支店の移動の分析で用いた基準によって分析したところ，やはり全員に，当該企業で比較的重要と思われる支店への移動が見られた。

(3) 本節のまとめ

まず全体的に見ると，第1に，営業店から本部への動きがあるものと推測された。これは中心方向への移動，すなわち，より企業の中心に近い（または中心そのものといえる）本部への移動である。第2に，本部の中では部長への動きが，営業店の中では本店営業部門長への動きがあるものと推測された。このうち本部内での動きは昇進といえる。たとえば，課長→次長→部長というように昇進していくわけである。営業店内での動きは中心方向への移動，すなわち，営業店の中でより中心に近い本店営業部門への移動である。これらを総合すると，中心方向への移動と昇進の両方が起こっているということになる。そこでより詳細に分析したところ，昇進と中心方向の移動が同時に起こることは少なく，いずれかのみが起こることが多いといえる。

以上の分析から，役員に至る過程で中心方向への移動が相当活用されていること，昇進と中心方向への移動は多くの場合，選択的に行われていることが明らかになった。このことは，中心方向への移動が昇進と同様に報酬としての意味を有しているとともに，昇進の代替的な性格を有するものとして利用されていることを示唆している。

5 むすび

企業内移動とりわけ昇進に伴う金銭的報酬の増加は，従業員にとってのイ

ンセンティブにはなるものの，企業にとってはコストの増加である。また，ポスト数を維持・増加させるため，組織の効率を損なう可能性がある。他方，従業員に対する評価を蓄積して選抜していく過程では，同程度の地位に複数の従業員をおいて競争させたり，同程度の地位であっても多少異なる仕事を担当させて能力評価を重ねるといったことも時には必要となろう。

このような意味で，中心方向への移動は昇進に代替するものとして，表面的には地位は上昇させず，しかもコストの増加を伴わない形で，報酬の幅を広げ，かつ従業員の能力評価の場を増やすという役割を果たしている可能性が強い。そして昇進と中心方向への移動とがあいまって，従業員に対する報酬の一翼を担っているといえよう。

もとより本稿は，金融機関の，しかも限られたキャリアのみの分析にとどまるなど，理論・実証両面においてまだ検討されるべき課題の多いものであり，今後さらに研究を深めていくこととしたい。

〈注〉
1) ここでしばしば用いられる「企業内異動」の語を用いないのは，「異動」の場合地位や仕事を"変わる"（change）という意味が強いのに対し，「移動」の場合ある方向に向かって"移る"（mobility）という意味が強い。本稿は企業内にある"方向"に"移る"ことを考察の対象としていることから，「移動」の語を用いることとした。ちなみに，山本茂［1999］も「企業内移動構造」の語を用いている。
2) ここで，昇進は技能以外にある期間（たとえば1年間）の業績が影響するのではないかという見解もありうる。しかし有賀他［1996］では短期的な業績と昇進の関係は薄く，むしろ企業は長期の成果を期待して技能形成を評価するとしている。
3) 職能資格制度は，資格定員がないという意味で，このような状況への対応策としてある程度効果をもっていた可能性があるが，多くの昇格者が出た場合にもたらされるコスト上昇は否定しがたく，これを企業の収益増加で賄えなければ，結局，利益圧迫につながる可能性が高い。
4) 当然，企業内移動と他の報酬を組み合わせて与えている可能性はある。しかし，企業内移動とりわけ昇進の停滞が従業員に対して与えるディスインセ

ンティブ効果が存在することは，いわゆるキャリア・プラトーの問題として知られており（山本寛，2000），報酬としての企業内移動の不十分さを他の報酬によって代替することはむずかしいと考えられる。
5) この時期を選んだのは，これ以後，いわゆる執行役員制を採用する企業が増え，取締役と執行役員が並存する結果，役員就任の意義がかなり大きく変質している可能性があるため，今回はそれ以前の時点での分析とし，執行役員制あるいは委員会等設置会社への移行の影響は別途検討しようとしたためである。
6) この「重要度の高い部門」は，その企業のおかれている状況や戦略などによって変化しうることは事実であるが，本稿では，筆者のいくつかの金融機関での聞き取りに基づき，長期間にわたって重要度の高さが継続している部門として，企画・業務・総務部門を選択した。
7) 営業店についても「重要度の高い店舗」が考えられる。中心方向への移動を，同一地位内で仕事の中身が組織にとってより重要なものへの移動と解せば（若林，1988），重要度の高い店舗への移動を中心方向への移動と考えることができよう。筆者のいくつかの金融機関での聞き取りによれば，規模が大きい，あるいは開設年が古い店舗の方が，重要な顧客（大口顧客や大口出資を行っている顧客）に接することが多いとされる。また，大口顧客が少ない場合でも全体として規模（預金・融資残高）の大きい営業店は，当該金融機関の業績に与える影響が大きいことから，やはり重要度が高いといえる。そこで本稿では，規模が大きい，あるいは開設年が古い店舗への移動を中心方向への移動とみなすこととした。

〈参考文献〉

有賀健・ブルネッロ＝ジョルジョ・真殿誠志・大日康史（1996）「企業ヒエラルキーと人的資本形成―内部労働市場と職能別労働市場の比較分析」伊藤秀史編『日本の企業システム』東京大学出版会　pp.81-116

金井壽宏（1999）『経営組織』日本経済新聞社

小池和男（1991）「はば広い専門性」小池和男編『大卒ホワイトカラーの人材開発』東洋経済新報社　pp.3-28

日本金融通信社編（1999）『日本金融名鑑』（1999年版）日本金融通信社

坂下昭宣（1985）『組織行動研究』白桃書房

佐藤厚（2001）『ホワイトカラーの世界―仕事とキャリアのスペクトラム―』日本労働研究機構

Shein, E. H., (1978) *Career Dynamics : Matching Individual and Organ-*

izational Needs, Reading, Addison-Wesley.（二村敏子・三善辺代訳（1991）『キャリア・ダイナミクス』白桃書房）

Vroom, V. H., (1964) *Work and Motivation*, Wiley.

若林満（1988）「組織内キャリア発達とその環境」若林満・松原敏治編『組織心理学』福村出版　pp. 230-261

山本寛（2000）『昇進の研究』創成社

山本茂（1999）「日本の企業内移動構造―日・米・英の国際比較による特質検証」『日本労働研究雑誌』第 471 号　pp. 2-28

6 ベンチャー企業の発展における企業家の意思[®]

小野瀬　拡

キーワード
ベンチャー企業　企業文化　企業家　企業家の意思　従業員の意思　革新的なビジョン

1　問題の所在

　企業文化（組織文化）論は1980年代はじめに，米国を凌駕してきた日本企業や，環境の急激な変化のなかでも利益をあげつづける米国企業などを対象に議論され，組織論や戦略論と結び付けられて論じられる場合が多い。[1)] このような背景から，企業文化論は大規模な企業を対象として頻繁に論じられ，小規模な企業について論じられた文献は少なく，ベンチャー企業の企業文化を論じた文献となると，ほとんど見当たらない。

　本稿では，日本のベンチャー企業の存続のために，どのような企業文化が望ましいかを明らかにすることを目的とする。ベンチャー企業の企業文化の中心人物は企業家であるので，企業家の意思決定の中心をなす「企業家の意思」を中心に展開し，存続するベンチャー企業の企業文化を明らかにしたい。

　現実的背景として，日本においては1986年より企業の廃業率が開業率を

上回り,失業者が増えてきており[2],これに対応するためには,ベンチャー企業を多く起こせばよいという考えがある。かつて米国では,増えすぎた世代人口の就業率をベンチャー企業の勃興によってカバーしたことに理由がある[3]。現在,政府は多くの創業支援を行っているが,それは廃業率を止めるものではない。それゆえに倒産回避は,ベンチャー企業の創業経営者である企業家にとっても重要な課題である。このことから,ベンチャー企業の存続を目的とする本稿は社会的意義をももつ。

2 ベンチャー企業における企業文化の特徴

(1) ベンチャー企業と企業家

1) ベンチャー企業の定義

ベンチャー企業とは和製英語であり,当初は「ベンチャー・ビジネス」として使用され,現在では「ベンチャー企業」という語が一般的に使用されるようになった。[4]「ベンチャー・ビジネス」がアメリカで研究開発がさかんな中小企業を指す用語として一般に用いられているという誤解のもと,当時のわが国に登場しつつあった知識集約的な新しいタイプの中小企業に着目し,独自の概念構成を行ったという経緯がある[5]。

いくつかその定義を挙げると,「高度に知識集約的な創造的中小企業」[6]「成長意欲の高い起業家に率いられたリスクを恐れない若い企業で製品や商品の独創性,事業の独立性,社会性,さらに国際性をもった,なんらかの新規性のある企業」[7]「営利目的でリスクのある新規事業を展開している事業体」[8]などがある。このように定義は多様であるが,ベンチャー企業とは,小規模でなんらかの新規性があって,企業家によって率いられている企業と理解できる。

多くの研究が社内ベンチャーにも触れているが,ここでは,独立型のベンチャー企業のみに注目し,すでにビジネスを1度だけ成功しているものを対象とする。そこでベンチャー企業の定義を,「独立した小規模でなにかしらの新規性をもって急成長する企業であり,創業経営者である企業家が存在す

る企業」ということにする。ここから考えると「独立」「小規模」「新規性」「急成長」「企業家」という5つの要因が，企業文化の特徴づけをなす。

2) 企業家の定義

企業家にも多種多様な定義があり，もともとベンチャー企業の創業経営者

表1　主要な企業家概念

人　　物	年	企　業　家　概　念
R. カンティヨン	1725	先見の明をもち，危険を進んで引き受け，利潤を生み出すのに必要な行為をする者。
J. B. セイ	1803	他者を結びつけて生産的な組織体を形成する行為者。
C. メンガー	1871	予見に基づき資源を有用な財に変換する変化の担い手。
A. マーシャル	1890	多様な生産要素を需要に適合させていくうえで問題を解決し，効用をつくり出す主体。
G. von シュモラー	1900	事業の危険を負担し，イニシアティブをとる者。
M. ヴェーバー	1905	組織的合理性に正当な利潤を使命として追求する者。革新的企業家はその一類型。
J. A. シュンペーター	1912	革新者，新結合を遂行する者。
A. H. コール	1959	財の生産・流通を目的とする利益指向型企業の創設，維持，拡大に挑戦する者。
D. マクリランド	1961	エネルギッシュで適度なリスクテイカー。
I. M. カーズナー	1973	新しい価値のある目的及び潜在的に有用で入手可能な資源に対する機敏性を持つ個人。
T. W. シュルツ	1980	不均衡に対処する能力をもつ者。
P. F. ドラッカー	1985	変化を探し，変化に対応し，変化を機会として利用する者。
W. J. ボーモル	1993	斬新，大胆，想像力，リーダーシップ，持続力などを活用する経済主体。

出所）清成忠男「編訳者による解説」J. A. シュンペーター，清成忠男編訳（1998）『企業家とはなにか』東洋経済新報社，p. 171

というような意味ではない。各研究者の企業家の抽象的な諸概念を示した表1から、企業家とはリスクを引き受け、革新的で、リーダーである人物というものが本来の意味であろう。さて、シュンペーター（J. A. Schumpeter）によれば企業家は、企業を営む革新者というだけではなく、企業を創出するものであるともいう。[9] 現在では、この革新的な創業経営者であるということがベンチャー企業の中心人物として論じられることが多い。本稿もそれにしたがうものである。企業家の精神的な面に注目した松田は、「高いロマンにリスクを感じながらも果敢に挑戦し、自己実現を図るために、独立性、独創性、異質性、さらに革新性を重視し、長期的な緊張感に耐えうる」人物像を定義している。[10]

したがって企業家とは、ベンチャー企業をつくり経営者となる人物であり、その精神的な面では高い成長意欲をもち、リスクを恐れない人物ということになる。

最近では、松田のようにベンチャー企業の中心的存在である"entrepreneur"を「起業家」とする場合が多くなってきている。[11] ここでは、比較的多く用いられてきたということと、創業の後に企業を運営するという本来の意味が存在するという理由とにより「企業家」を用いる。

（2） 小規模企業における企業文化

企業文化には「共有された基本的仮定」「価値観と信念をその構成員に伝達する一連のシンボル」「文化振興活動」など、多くの定義があるので、企業文化の定義を体系的に整理した飯田と同じようにして分類整理を行う。[12] まず、企業の文化活動という定義では決してない。全ての企業がもつべき規範的な意思決定基準という定義でもなく、また儀式や儀礼などの象徴的なものでもない。むしろ行動や意思決定、シンボル、文化活動に影響力を与えるのは構成員に共有された精神的なものであろう。こういったことから、本稿の対象は、深層にある各個別企業の構成員に共有されている考え方ということにする。したがって、ここで使用される企業文化の定義は、「各個別企業の

構成員に共有された価値観，信念などの概念的なもの」ということになる。

　ここでは，小規模企業にも文化が存在し，戦略に大きな影響を与えるという立場を取る。個別企業の企業文化を対象としているので，「独立」の要因はクリアしている。「小規模」の要因は，「非公式的なコミュニケーション」や「家庭的な文化」を想定することができる。中小企業についても共通するこの二つの要因に対し，「企業家」「新規性」「急成長」の３要因がベンチャー企業の特徴である。

（３）　ベンチャー企業に特有の文化要因

1)　新規性と急成長

「新規性」は成功の可能性をもっている面と，失敗するリスクという面との二つを併せもつ。リスクをもちながらも成功を固く信じ創業に携わる創業時の構成員は，組織，ビジネスに対し，強いコミットメントをもつだろう。「急成長」という要因は，急激な従業員増加と企業家の成功を意味する。急激な従業員増加は，公式組織，非公式組織に限らず，下位組織によって共有された，本来の企業文化とは異なった下位文化を発生させる。

2)　企業家

　企業家の存在は企業文化に大きな影響を与える。同時に，従業員にとっての企業家は抵抗するには強すぎるため，企業家に逆らうことができず，我慢することになる。企業家の成功は，「リスクを乗り越え急成長することができたのは，自分の新規的なアイデアが正しかったから」と企業家に過剰な自信を抱かせる。企業家の影響力が他の企業形態と比較して非常に強い企業文化があらわれる。

（４）　第２のビジネスに対する意識

以上の特徴をまとめると，次に示す a) から d) の４点が明らかになる。
　a)　ベンチャー企業の企業文化の大きな特徴は，企業家の影響力が他の企業形態と比較して非常に強いということである。

b) 企業家の影響力が強い理由は，リスクを恐れずに事業を成功させた尊敬すべき存在であり，また，抵抗するには強すぎる存在なので従業員が我慢する状況が存在するからである。
c) ベンチャー企業の企業文化は，その影響力の強い企業家の抱く仮定を反映し，リスクを恐れない文化となる。
d) リスクを恐れない文化だからこそ，将来のリスクを軽視し，誤った意思決定を行ってしまうと考えられる。

そして以上のa）とd）から，危険に気付いた従業員がいたとしても，企業家の意思決定に訂正を求めにくい状況になってしまう。創造の天才である企業家が失敗するはずはないと考えてしまったり，意見をいおうとしたところ同僚に止められたりする。このようにしてベンチャー企業の成熟期に行われる第2のビジネスが勇み足によって失敗してしまうのである[14]。その理由に，他企業の市場参入，技術革新などの外部環境の変化が挙げられる。

3 企業家の意思

(1) 企業文化における企業家の影響

企業文化は企業の経営，とくに意思決定に大きな影響を与える[15]。その企業文化の主体は企業家であるので，本節では企業家に注目する。シャイン（E. H. Schein）は，創業者が企業文化に強い影響を与えるという。すると企業家は，単なる創業者というだけではなく，事業を奇跡的な成功に導いた企業文化の力強い担い手になる[16]。

それでは，企業家に焦点を当てて，彼の意思決定の中心をなす「企業家の意思」について説明する。

(2) 企業家の意思と従業員の意思

「企業家の意思」は，企業家活動（entrepreneurship）[17]の一部を指し示すが，あくまでも企業家自身による，リスクを有する革新的な事業への固執の度合いであり，意思決定に対する影響力を有する。したがって他の従業員，

たとえば部下などによる企業家活動，イノベーション的な活動，およびその中核をなす精神ではない。また，企業家活動は事業の発想から行動をさすが，企業家の意思は革新的な事業への思考をさす。企業家活動ではなく，「企業家の意思」としたのは，これをもつ人物が企業家自身のみであることと，イノベーションに対する行動ではなくその中核をなす思考であることを明らかにしたかったからである。

企業家の意思に対立する概念を「従業員の意思」とする。これは組織の中核である企業家に対抗する思考である。従業員の意思は従業員による革新的な事業への固執であり，企業家の意思を抑制する力をも持ちあわせるものとする。たとえば，企業家が独断により誤った意思決定をしている場合に，検討を促し，事業を成功に導いていく効果がある。

（3） 企業家の意思の強力化

企業家の成功体験に裏づけされた仮定は2度目の成功を招かないどころか失敗を呼び起こすものでさえある。成功から学び取れることもあるのだろうが，後述の事例のように，現実はそうではない場合が多い。それは，企業家の独断状態は継続され，従業員はおかしいと理解していながら，意見をいうことができなくなり，失敗につながるというものである。これについて，企業家が強い影響力をもつ企業文化が覆っているからということができる。

4 事例研究

（1） ベンチャー企業の成否

著作，雑誌などから，ベンチャー企業の企業文化に関する記述を収集し，成功16社，失敗18社，例外2社の計36社を筆者はみてきた。成功例には企業家の意思の影響力低下がみられ，逆に失敗した企業にはその強力化がみられる。これらの共通点の例外となった2社は企業家の意思が強力になっても成長を続けている企業である。[18]

以下，成功の事例として，ぴあ，ソニーを，失敗の事例として，日本シス

テムインテグレーション，イタリヤードを挙げる。この事例研究を通して，「企業家に意見をいえるような状況」を有する文化をもつ企業が失敗をせずに，長い成長を遂げることが可能になると理解できる。

（2） 成功の事例

成功企業のうち2社の事例を挙げるが，ソニーの事例は創業間もないベンチャーであった時期のものを分析するということであり，決して現在の大企業となったソニーをみるものではないということに留意されたい。

1） ぴ あ

1972年創業のぴあはチケット販売業務を主軸とする会社である。1984年に日本初のオンラインチケット販売を行い，近年ではクレジットカードや携帯電話に専用の集積回路を組み込み，従来の紙製のチケットの代わりに使用できる「デジタル・チケット・システム」を開発している。チケット販売市場でのシェアは50％強となっており，『日経ベンチャー』による「2001ベンチャー・オブ・ザ・イヤー」において未公開企業部門の1位となった。[19] 社内の活性化という言葉で表わされていることが企業家の意思の影響力低下を示す。

「社内の活性化ではまず，97年に若手社員から『ぴあは大企業病にかかっている』との指摘を受けたのをきっかけに，『ぴあ精神とは何か』を社員と共にあらためて問い直し，『ひとりひとりが生き生きと』といった企業理念を明文化した。

そして，この理念を徹底させるべく，99年から1年をかけて，約360人の全社員と直接対話し，そのうえで，仕事への意欲や企業理念の理解度を尺度とした新たな人事評価制度を導入した。

その結果，『ようやく全社に30年前の活気が蘇ってきた』という矢内社長は，2002年以降も，チケット販売事業などで新しい試みを次々にスタートさせる」[20]

企業文化の明確化によって従業員主体の新たなるイノベーションをうみ，

企業は成長が可能となる。本事例では明文化という形で行われ，従業員の自主性がある文化を明確化させた。そこにはトップダウンのみの組織ではなく，ボトムアップ的要素がみられる。文中の「30年前の活気」とは，従業員の自主性がある状態を指すものであるから，その時に企業家の意思は明らかに影響力を失っていると考えられ，それを再現したものであろう。[21] 企業理念を明文化することによって，従業員に共有されるものとしての文化を浸透させることができる。事実，ぴあは，今回の従業員によるイノベーションに成功し，さらなる成長を遂げている。

2) ソニー

井深大といえば日本を代表する企業家といってもいい。テープレコーダー，トランジスタラジオをはじめとして数々のイノベーションを行ってきたソニーであるが，そのうち，井深大が完全に自分の裁量だけで行ったものは，最初の製品ラジオ用コンバーターとテープレコーダーのみである。しかもテープレコーダーはラジオが広まれば次はそれを保存する録音機の需要が増えるという予測によったものであり，ラジオ用コンバーター開発以前から決定されていたプロジェクトである。[22] この一連の井深の企業家の意思が強い状態から，それ以降の製品は，井深の部下により開発されてきた。井深は革新的なものを行う企業家であった時期が大変短く，企業家の意思を弱め，一般的な経営者になったといえる。

井深は従業員にイノベーションを託すための文化を作り出した。会社設立の目的の一番初めには「真面目ナル技術者ノ技能ヲ，最高度ニ発揮セシムベキ自由豁達ニシテ愉快ナル理想工場ノ建設」[23] という文章がある。これは従業員の自主性を重んじるということであって，設立当初のみ，井深がイニシアティブをとったのである。それは井深がイノベーションの方法を見本として行い，それに従業員が追随してきたということであろう。

(3) 失敗の事例

1) 日本システムインテグレーション

日本システムインテグレーションはコンピュータの画像処理ソフトを取り扱う会社であった。大手ソフト開発会社の下請けが主な業務であったが，2001年4月に不渡り倒産をした。社長の廣川はイノベーションの才能があり，企業家の意思が強かった。廣川が腰痛のため入院した時に，脳の機能に障害をもつ患者に有効なリハビリ機器がないということに機会を見つけ，液晶ディスプレイが組み込まれたリハビリ機器「ハイパーセラピーⅠ」を完成させた。[24]

　ハイパーセラピーⅠは話題を呼び，マス・メディアから注目の的となり，ニュービジネス協議会の特別賞を受賞した。そしてベンチャーキャピタルから2億円の資金を調達できたのだが，2年が経っても1台も売れなかった。通常の経営者ならば，採算の悪い事業から撤退することを決定するところだが，廣川は，それでもなおリハビリ部門に力を入れつづけ，さらに性能のいい「ハイパーセラピーⅡ」の開発に着手した。リハビリ部門に調達してきた資金と売上を費やしつづけた廣川は，古株の役員と対立してしまい，役員を追放してしまう。その後，過剰な設備投資から，負債が増加し，不渡り決算を出してしまう。

　この事例は，画期的なイノベーションであっても，強力な企業家の意思により，独断に陥った失敗の事例である。具体的には，企業家の意思はハイパーセラピーⅠへの執着心であり，従業員の意思に相当するものは経営の安定化を望む意見である。廣川が従業員の要求を飲み込んで経営を行えば，急成長はなかったにせよ，大規模な負債を負うこともなかっただろう。

2）イタリヤード

　イタリヤードは20代後半の女性をターゲットに高級婦人服を販売していた企業である。POSシステムを通じて，加盟店は接客だけすればよいという画期的なシステムを構築し急成長していた。しかし同業他社の同様の商品を低価格で販売するという戦略により，イタリヤードが追い込まれたとき，社長の北村は商工会議所などの社外活動に興じ，社内にいることがなく，組織内のタガが緩んでいたという。[25]

これは企業家の意思が強くなりすぎて，部下も意見をいうことができなかったということである。とくに，従業員の意思をまとめる組織が不安定になっていたために，企業家を放置したということである。企業家の意思の過剰な強力化を止めるために，従業員の連携を強くさせる強固な組織を作ることが重要となる。これを怠り，社外活動に専念してしまったということが誤算であると考えられる。

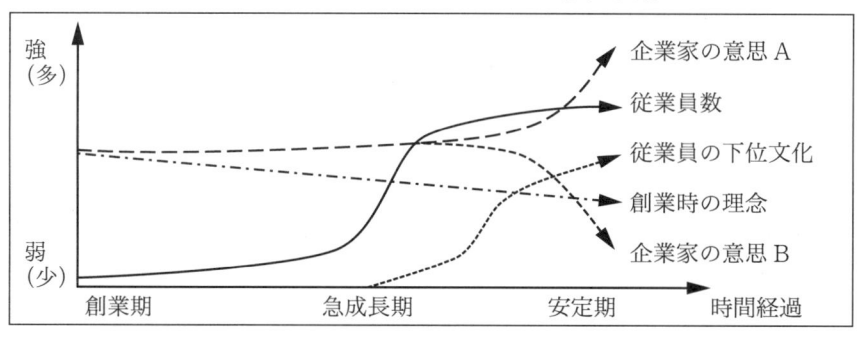

5　ベンチャー企業における企業文化要因の変容モデル
（1）　変容モデル
以上の理論展開と事例から，企業家の意思，過去の成功体験，そして従業員の下位文化の変容がベンチャー企業にみられる企業文化の特徴であり，ベンチャー企業の成否を分けるものであるといえる。それらを全てまとめて概念としてのモデル図に表す。図1はベンチャー企業における企業文化要因の変容モデルである。

図 1　ベンチャー企業における企業文化要因の変容モデル

（縦軸：強（多）―弱（少），横軸：創業期―急成長期―安定期―時間経過）

- 企業家の意思 A
- 従業員数
- 従業員の下位文化
- 創業時の理念
- 企業家の意思 B

（2）　数，力の強さ，矢印
1)　数，力の強さ

縦軸は数，および力の強さである。「数」は従業員数をあらわす。「力の強さ」は，企業文化の要因となる企業家の意思，従業員の下位文化，創業時の

理念といった文化要素を，各企業組織におけるそれらの組織に占める割合や影響力としてあらわしたものである。

2) 矢 印

従業員数には急激な人員流入があるのでS字カーブを描く。次に「企業家の意思」[26]は，企業家自身による企業家活動の度合いである。これが急成長後にAとBに分かれる。従業員の下位文化とは，トップ・マネジメントに対する，下位部門の共有された概念のことである。「創業時の理念」とは企業創立時における企業家のもった理念の影響力である。

(3) 時間経過

ベンチャーの創業から，売上，利益，組織規模などが急激に上昇し，人員の大量流入が起こる前の段階を創業期とする。この人員の急激な増加をみせる時期を急成長期とする。そして人員の急激な流入が止んだ後の期間を安定期とした。このモデル図は企業文化の視点から考察しているため，具体的な年数，売上高，従業員数を定義していない。またそれぞれの段階が均等に描かれているが，必ずしもそうであるとはいえない。

1) 創業期の文化

創業より急成長を迎えるまでの段階を創業期と定義する。成長段階全体の説明にもつながるが，まず企業家が最初に提示した「創業時の理念」は時間の経過とともにその威力を失っていくであろう。その理由は，ある価値は時間の経過とともに従業員に対する影響力を失うからである。たとえば，創業当時とある特定の時点における情況が乖離するのがその一つの原因である。しかし，なんらかの事件が起こると決して直線的に低下することはないだろう。

2) 急成長期の文化

ベンチャー企業は飛躍的な成長に伴い，その業務の増加による人員不足をカバーするため，多くの従業員を雇い入れる。この大量の人員が組織に流入する時期を急成長期としている。するとトップからの意思伝達を阻害する下

位文化が現れることになるが、イノベーションが成功し始まれば、組織内は急激に売上、利益を伸ばそうと東奔西走することになり、ロアーレベルに生じる下位文化は抑制される。同時に企業家は、成長の途中では徹底的にベンチャーの主たる文化である企業家の意思に全従業員を集中させるので、反感をもっている従業員は企業家に従うことになる。すべて企業家主体に企業活動を展開するようトップがロアーレベルを教育・指導するので下位文化が成長しにくくなるからである。文化は抑制しようとしても、すぐに抑制できるものではない。それゆえ下位文化の影響力は人員流入とともにタイムラグをおいて増加し、従業員数の増加ほど急激な伸びはみせない。

3) 安定期の文化

ベンチャー企業は同業他社に追い越されないよう、常に独走態勢で走らなければならない必要があるため、急成長が止むと次のイノベーションを模索する。このような状況のもと、「急成長後の企業家のイノベーションはベンチャーの失敗を招く」ということがいえる。

企業家の意思が強く影響する、もしくは企業家が自由意思のもと独断で組織を運営しようとすると、安定期においてベンチャーが失敗する。逆に権限委譲によって企業家の意思が反映されなければ成功するというものである。図1に表わした企業家の意思Aのラインは失敗するベンチャーであり、企業家の意思Bが成功するベンチャーとなる。

6 ベンチャー企業の企業家に対する課題

(1) 二つの課題

今まで述べてきたことから、ベンチャー企業を存続させるにあたり、企業家に対する課題は二つあると考えられる。その一つは、「急成長の終焉を予測した上での文化変容」であり、もう一つは、企業家のもっていた「革新的ビジョンの従業員への伝達」である。

（2） 急成長の終焉を予測した上での文化変容

　急成長が止まるまでは全従業員の意思を企業家に集中させなければならない。そうでなければ意思伝達を円滑に行うことができず，業務が滞り，伸びるはずであった成長の終点まで到達できないからである。

　しかし成長が止まったのならば，企業家は事前に急成長の終焉を予測して，それにあわせて「企業家に意見をいえるような状況[27]」を有する文化にしなければならない。文化は一朝一夕で変革できるものではない。成長の終点を企業家が見極め，それにあわせて，かねてより徐々に「部下がリーダーに意見をいえるような状況」をもつ文化に変容させていく必要がある。

（3） 革新的ビジョンの従業員への伝達

　最初のビジネスが成功し，急激な成長が停滞したとたんにベンチャーでなくなるということはない。2度，3度，イノベーションが成功してベンチャーから大企業になると考えるのが一般的である。イノベーションの連続的発生と2回目のイノベーションを企業家以外の人物より行わせるために，企業家は部下にイノベーションを託さなければならない。そのためには，従来，企業家がもっていた革新的ビジョンを従業員へ伝達させることが有効であろう。

　これは下位文化と関わりがある。下位文化の多様化，強力化が進めば進むほど，イノベーションを生み出しやすい状況となる[28]。権限委譲により企業家が与えてきた文化への影響は弱くなり，一枚岩の企業文化から，いくつもの下位文化が生じる。この下位文化に企業家の革新的ビジョンが入れば，イノベーションをより成功に導くことができる。

7　むすび

　ベンチャー企業の企業文化について，次のようにまとめることができる。

a） 企業家は急成長中に企業家中心の文化を創出する。そうでないと下位文化が影響力をもち，一つのミッションに集中できないからである。企

業家は意識していても，していなくてもこれを行う。
b) 企業家中心の文化が第2の事業における，企業家の経営判断を誤らせるようになる。なぜなら，誰も企業家に反対することができないからである。
c) 企業家のワンマン経営を防止し，複数の意見からよりよい経営方策をとるため，「従業員が企業家に意見をいえるような状況」を有する文化にしなければならない。
d) ベンチャー企業は，第2，第3のイノベーションを成功させるために企業家のもっていた革新的ビジョンを従業員へ伝達しなければならない。それは下位文化の生成も含む。

本稿では，企業家の意思の変容に注目して最初の事業の成功から第2の事業への取り組みの段階に限定して展開した。今後は，第2の事業成功以降の新たな文化，企業家の革新的ビジョンを浸透させながら企業家に意見をいえるような状況を醸成するための方策の検討をする。そして，企業家の意思や従業員の意思が何によって影響され，何に影響を与えていくのかということの規定，および物語，儀式，儀礼，人工物への考察も必要となる。その際に，エンジェルやベンチャーキャピタルなどの企業外の存在に注目することも必要となる。本稿および以上のような今後の課題について，アンケート調査，インタビュー調査などにより実証を行っていきたい。

〈注〉
1) Kotter, J. P. and J. L. Heskett (1992) *Corporate Culture and Performance*, The Free Press, pp. 7-10.
2) 中小企業庁編 (2003)『中小企業白書2003年度版』ぎょうせい p. 84
3) Drucker, P. F. (1985) *Innovation and Entrepreneurship*, Butterworth-Heinemann, pp. 1-16.
4) 松田修一 (1996)「日本型起業家支援システムの構築に向けて」松田修一編『起業家の輩出』日本経済新聞社 p. 12
5) 清成忠男 (1984)「ベンチャー・ビジネス―その日米比較―」『組織科学』第17巻第4号 pp. 32-33

6) 清成忠男・中村秀一郎・平尾光司（1971）『ベンチャー・ビジネス　頭脳を売る小さな大企業』日本経済新聞社　p. 33
7) 松田修一（1998）『ベンチャー企業』日本経済新聞社　p. 17
8) 小椋康宏（1998）「ベンチャー企業の行動原理」小椋康宏・柿崎洋一『企業論』学文社　p. 165
9) シュンペーター, J. A., 清成忠男編訳（1998）『企業家とは何か』東洋経済新報社　p. 25
10) 松田修一（1996），前掲書　pp. 12-13
11) 朝日新聞のデータベース「聞蔵」によると，はじめて「起業家」が登場するのは 1986 年 1 月 3 日朝刊（東京）の 9 面である。1980 年代半ばから使用されるようになった，と解釈できよう。
12) この分類については，飯田史彦「企業文化とは何か」梅澤正・上野征洋編『企業文化を学ぶ人のために』世界思想社　pp. 108-131 を参照せよ。飯田は分類の次元を，共有物か活動か，記述的か規範的か，不可視物のみか具現物を含めるか，具象物まで含めるかなどを 6 つの次元で分類し，9 種類の基本的な定義を明示した。
13) ここでは社内ベンチャーや事業部のようなものではないことを，「独立」としている。
14) Greiner, L. E. (1972) "Evolution and Revolution as Organizations Grow," *Harvard Business Review*, July-August, pp. 42-43 より。グレイナーは，1 度目の混乱期で成功した経営手法が，次の成長期間に入る前に起きる 2 度目の混乱期には通用しないとしてモデル図を作成している。
15) たとえば，Schein, E. H. (1985) *Organizational Culture and Leadership*, Jossey-Bass, pp. 223-224.（清水紀彦・浜田幸雄訳 (1989)『組織文化とリーダーシップ』ダイヤモンド社）など。企業文化は経営，とくに意思決定に大きな影響を与えるという。その他，多くの研究がそのように理論づけてきた。
16) *Ibid*., pp. 223-224, p. 241.（同上訳書，pp. 285-286, pp. 308-309）
17) "entrepreneurship" という語が，精神のみならず活動等も指すことから，これを「企業家活動」と訳した（清成忠男「編訳者まえがき」シュンペーター，清成編訳，前掲書，ii-iii 頁）。企業家活動について，ドリンジャーはさまざまな定義から，「革新」「経済的組織」「リスクと不確実性を通して成長する」というキーワードを含むものであると定義した（Dollinger, M. J. (2003) *Entrepreneurship : Strategies and Resources*, Prentice Hall, p. 7）。
18) ベンチャー企業の基準を従業員が 100 人未満であり，何かしらの新しい商

品，サービスを提供するか，あるいは経営手法を用いているものとした。データは次より集めた。『日経ベンチャー』日本経済新聞社，『ベンチャークラブ』東洋経済新報社，米倉誠一郎・河合一央「事業戦略家としての技術者」『企業家の群像と時代の息吹』有斐閣 p.260。安田龍平（2002）『「起業」成功事例集』経林書房

19) 「2001年ベンチャー・オブ・ザ・イヤー」『日経ベンチャー』2002年1月号　日本経済新聞社　p.50
20) 同上書　同頁
21) ただし，発端は若手社員の指摘であったことから，元来ぴあには従業員の自主性がある文化があったのであろうと考えられる。
22) 米倉誠一郎・河合一央（1998）「事業戦略家としての技術者」伊丹敬之他編『ケースブック　日本の経営行動4　企業家の群像と時代の息吹』有斐閣, p.260
23) ソニー広報部（2001）『ソニー自叙伝』ワック　p.556
24) 「倒産の研究」『日経ベンチャー』日本経済新聞社　2001年6月号　pp.78-81
25) 「倒産の研究」『日経ベンチャー』日本経済新聞社　2002年2月号　pp.94
26) Flamholtz, E. G. (1986) *How to Make the Transition from an Entrepreneurship to a Professionally Managed Firm*, Jossey-Bass, pp. 39-40.
27) 「部下がリーダーに意見を言えるような状況」を可能にする要因の一つは，従業員の下位文化にあると考えられる。下位文化は急成長の期間中は抑制させるべきなのだが，これを急成長停止とともにある程度強化させなければならない。
28) 咲川孝（1998）『組織文化とイノベーション』千倉書房　p.137

〈参考文献〉

Adizes I. (1988) *Corporate Lifecycles : How and Why Corporations Grow and Die and What to Do about It*, Prentice Hall.

De Geus, A. (1997) *The Living Company*, Longview publishing.（堀出一郎訳（1997）『リビングカンパニー』日経BP社，堀出一郎訳（2002）『企業生命力』日経BP社）

Ghobadian, A. and N. O'Regan (2002) "The Link between Culture, Strategy and Performance in Manufacturing SME's," *Journal of General Management*, Vo. 28, No. 1, Autumn, pp. 16-35.

Kuratko, D. F. and R. M. Hodgetts (2000) *Entrepreneur : A Contemporary*

Approach 4th ed., The Dryden Press Harcourt Brace College Publishers.

Martin, J. and C. Siehl (1983) "Organizational Culture and Counter Culture : An Uneasy Symbiosis," in Frost, P. J. (ed.), *Organizational Dynamics*, pp. 52-63.

Muller, S. L. and A. S. Thomas (2001) "Culture and Entrepreneurship Potential : A Nine Country Study of Locus of Control and Innovativeness," *Journal of Business Venturing*, Vol. 16, No. 1, January, pp. 51-75.

Robbins, S. P. (2000) *Essentials of Organizational Behavior*, 6 th, ed., Prentice Hall.

Timmons, J. A. (1994) *New Venture Creation*, 4 th ed., Richard D. Irwin.（千本幸生・金井信次訳（1994）『ベンチャー創造の理論と戦略』ダイヤモンド社）

斎藤弘行（1996）「ビジネスベンチャーの様式化―カーターの論文を中心にして―」『経営論集』第46号　東洋大学経営学部

7 韓国の企業統治改革に関する分析

——改革の実態と問題と評価——

金　在淑

キーワード

企業統治　企業統治改革　オーナー経営体制
韓国財閥　所有経営者主義　商法改正

1 はじめに

　韓国経済を引っ張ってきた韓国財閥の脆弱な財務構造，非関連多角化，過度な負債による経営などによる相次ぐ破綻が原因で経済危機をもたらした。その財閥の経営の失敗から，企業統治問題が浮き彫りにされた。その後，韓国では政府主導下で，財閥の企業統治改革が行われた。その企業統治改革から5年が経過した。改革が行われてからまだ短い期間ではあるが，施行されている現段階での動向を分析すること，つまり，中間過程での実態を分析することは，改革された新制度の効率的運用を促し，韓国における優れた企業統治システムを確立させるためのステップアップになると思われる。

　したがって，本論文では，韓国における企業統治改革について，企業社会全般に大きな影響力を有し，国民経済の中心的な役割を果たす存在である韓国財閥を中心に企業統治改革後の実態と問題を明らかにすることとし，第1に，韓国財閥の所有・経営構造の特徴を取り上げる。第2に，オーナー経営

体制における韓国の企業統治問題を分析する。第3に，韓国の企業統治システムの改革が行われた経緯と法制度の改正および企業統治の改革に関する主要内容について検討する。第4に，企業統治改革後，現段階でどのような変化があるのか，また，どのような問題が残されているのか，企業統治改革の中間過程での実態と問題点を明らかにする。さらに，現段階における韓国の企業統治改革を評価する。

2 韓国財閥の所有・経営構造の特徴

韓国企業は大企業であれ，中小企業であれ，大部分の企業において，オーナー経営者が直接または間接に経営に参与しており，また，所有が集中している（表1）。ここでは，代表的に大企業集団である韓国財閥における所有・経営構造を取り上げる。このことによって韓国企業全般の所有・経営構造が見えてくるであろう。

韓国企業の所有・経営構造の基盤となっているのが韓国の所有体制であり，所有と経営が分離している米国とは異なり，集中的所有，所有と経営の未分離，経営者支配の不成立，いわゆるオーナー経営体制である。このような特徴はアメリカの経営者資本主義，日本の法人資本主義とは異なる「所有経営者主義（owner managerialism）」ともいわれている。所有経営者資本主義は大株主の経営参与を意味する所有と経営の一致と投資家の牽制がないまま経営者が支配権と経営裁量権を独占する「経営者主義（managerialism）」をあわせた概念である（黄仁鶴，1999）。オーナー経営体制を可能にした背景

表1　上場企業の最大株主持分分布

区　分	70%以上	50〜70%未満	40〜50%未満	30〜40%未満	10〜30%未満	10%未満	合　計
会社数	25	108	125	117	125	14	514
比率(%)	4.8	21.0	24.3	22.7	24.3	2.7	100.0

注）　最大株主は個人がもっとも多く，法人が若干。
出所）　韓国証券取引所の報道資料（2003年7月31日付）

として次のような要因が指摘されている。第1に，伝統文化的な要因として，伝統的な儒教の思想，家族中心的，血縁，学縁，地縁など縁故主義が根強く社会全般に普及している点である。このような家族中心的意識構造，とくに血縁関係を重視する価値基準は企業の活動にもそのまま反映してきた。第2に，政府の政策的要因として，所有経営者と政治権力者の癒着関係，政府主導型の経済成長があげられる。第3に，経済的要因として，所有権の保護，負債による資本調達，市場が未熟なために，企業家能力を過大に評価した点である（金元鉄，1998）。

韓国財閥の所有構造において全体の系列会社の内，オーナー経営者およびその家族，親族が所有する株式持分比率はわずか5％と少ないのにもかかわらず，系列会社間の相互出資（cross-shareholding）を通じて安定持分（約30～40％）を確保して，高い内部持分（約40～50％）を維持している。これを基盤にオーナーが全体の系列会社に対する絶対的な支配権を行使しているのである（表2）。

韓国財閥の経営構造は，グループ会長（オーナー経営者）によるトップダウン的な意思決定とこの会長を補佐する補佐機構（general staff）として総合企画室，会長秘書室などが存在し，多数の傘下企業全体を統括する手段として機能してきた。グループ会長→意思決定機構→補佐機構→系列会社とい

表2　30大財閥の内部持分比率　　　　　　　　（単位：％）

区分＼年次	1995年4月	1996年4月	1997年4月	1998年4月	1999年4月	2000年4月
同一人	4.9	4.8	3.7	3.1	2.0	1.5
特殊関係人	5.6	5.5	4.8	4.8	3.4	3.0
系列会社	32.4	33.3	33.7	35.7	44.1	36.6
自社株	0.4	0.5	0.8	0.9	1.0	2.3
合計	43.3	44.1	43.0	44.5	50.5	43.4

注）　特殊関係人には，家族，親戚，財団法人，役職員が所有する株式も含まれる。
出所）　韓国公正取引委員会の資料

表 3 実質的所有者および所有経営者による最終権限とその比率
（1991 年調査）

経営意思決定事項	役員の人事権	新規事業の投資決定	海外進出決定
比　率	79.9%	66.4%	55.4%

出所）　金龍烈他，2000 年，110 ページ

う形のトップダウン方式の意思決定構造になっている。各系列会社は取締役会中心の経営体制を備えてはいるが，独立的な意思決定は事実上なされておらず，グループ会長が最終的には重要な事項に関しての意思決定権をもつ構造になっている。

韓国において支配株主は，経営者の選任を含み，重要な決定事項をすべて完全にコントロールし，経営者の自由裁量権はないに等しい（表3）。とくに，財閥のオーナー経営者は典型的にピラミッド構造（pyramidal structure）と相互出資を通じて，経営グループの中にあるすべての系列企業をほとんど完全にコントロールしている（Claessens et al., 2000）。また，韓国財閥において所有・経営権が血族によって継承されていることも経営構造の特徴のひとつである。血族継承が95％を占めており，専門経営者に継承したのはわずか5％に過ぎない。また，継承者の直系家族が役員以上で経営に参与している平均比率は63.6％，2世継承95％，3世継承5％を占めた（趙東成，1997）。すなわち，韓国財閥において所有・経営権は血族継承によって行っていること，また，血縁関係にある家族らが経営に参与していることが明らかである。

3　韓国の企業統治問題

以上のような韓国財閥の所有・経営構造が企業のガバナンスにも影響を与えていることは否定できないと考えられる。1997年の経済危機以後浮き彫りになった企業統治問題は，今後，韓国企業の生存を左右する重要な問題である。韓国の企業統治問題についてまず，理論的に考察し，次に，実際の問題点を検討する。

（1） 理論的考察

バーリ=ミーンズ（Berle, A. & G. Means, 1932）の研究は，企業支配論の新たな発展に貢献しており，エージェンシー理論にも影響を与え，コーポレート・ガバナンス論の出発点になった。コーポレート・ガバナンスの理論的流れは，バーリ=ミーンズによる「所有と経営の分離」から生じるジェンセン=メックリング（Jensen and Meckling, 1976）のエージェンシー理論が，所有と経営の分離における株主と経営者の不完全な契約の下で，起こる情報の非対称性，利害の不一致から生じるエージェンシー関係を指摘している。所有と経営が分離している企業において株主と経営者の関係で生じるエージェンシー問題がコーポレート・ガバナンス問題の主流である。それは，所有と経営が分離している大企業を前提にしており，これまでに，支配株主が存在せず，株主が広く分散された分散的所有会社がコーポレート・ガバナンス論の主要な対象になっている。

しかし，韓国における企業を含め，新興市場国における企業では，支配株主が存在し，集中的所有会社が多くみられる。このように支配株主が存在し，集中的な所有構造をもつ企業におけるコーポレート・ガバナンスは，どのように説明できるだろうか。エージェンシー理論は所有と経営の分離を前提に出された理論ではあるが，このエージェンシー理論を拡張させることによって，韓国におけるコーポレート・ガバナンスが分析できると思われる。そこで，所有と経営が分離されていない企業，つまり，支配株主によって，経営されている企業におけるエージェンシー問題を検討する。

ジェンセン=メックリングは，エージェンシー問題を，①株主と経営者との間のエージェンシー問題，②債権者と株主の利害に従う経営者との間のエージェンシー問題，この二つの類型に区分した。この二つの類型は所有と経営が分離されている企業を前提にしている。しかし，所有と経営が分離していない企業の場合，つまり，特定の支配株主が存在する場合は，支配株主と少数株主との間にエージェンシー問題が発生する。この支配株主と外部少数株主との間のエージェンシー問題を第3類型とする。

韓国のコーポレート・ガバナンスをこの三つのエージェンシー問題の類型から検討する。

1) 株主と経営者との間のエージェンシー問題

韓国企業においては，所有と経営が一致しており，所有者であるオーナーが経営に直接または間接的に参与し，経営を完全に掌握しているので，株主と経営者の利害は一致することになる。したがって，韓国の企業においては，株主と経営者との間のエージェンシー問題は発生しないといえる。

2) 債権者と株主の利害に従う経営者との間のエージェンシー問題

債権者と経営者の関係では，主人である債権者は経営者が危険な投資を行い，債権者の利害に反する行動を行う可能性があり，企業が負債を抱えている以上，債権者と経営者の間に利害の不一致や情報の非対称性が生じることによって，エージェンシーコストが発生する。新興市場国の企業は，株式市場が未発達であり，直接金融より間接金融による資金調達が一般的に利用されているため，先進国の企業より経営者と債権者のエージェンシー問題が深刻である。負債比率が高く財務構造が脆弱な韓国企業にとっては，経営者と債権者（銀行）との間のエージェンシー問題が発生する。

3) 支配株主と外部少数株主との間のエージェンシー問題

バーリ=ミーンズの仮説（1932）が現在のすべての国において適用されるだろうか。確かに，資本市場が発達しているイギリスやアメリカにおいては，所有が広く分散し，所有と経営が分離されており，経営者支配（management control）も確立されているが，欧州諸国や新興市場国であるアジア諸国等では，一概にバーリ=ミーンズの仮説が適用されるとはいえないのではないかと考えられる。実際に，アトミスティック（atomistic）な株主は，アメリカとイギリスの両国だけに存在し，大部分の国での企業支配は高度に集中されており，所有が広く分散している企業はまれであるか不明である（Morck, 2000）。さらに，La Portaら（2000），金龍烈他（2000）は，所有と経営が分離していない企業において，支配株主と外部少数株主の利害の不一致が発生し，エージェンシー問題が生じると指摘している。Shleifer, A. = R.

Vishny（1997）も同様に，多くの国の大企業において，バーリ=ミーンズの外部投資家（株主）と経営者との間の衝突（conflict）上のエージェンシー問題はなく，それどころか，経営者を完全に支配する支配株主と外部投資家（少数株主）の間の衝突が存在すると述べている。すなわち，バーリ=ミーンズの所有と経営の分離によって生じるエージェンシー問題は，必ずしも，現代企業すべてにおいて適用できるわけではないと考えられる。韓国を含め，新興市場国における企業では，支配株主が存在し，集中的所有会社が多く見られる。このように支配株主が存在し，集中的な所有構造をもつ企業においては，支配株主と少数株主との利害の不一致によるエージェンシー問題が浮上するといえる。

また，ジェンセン=メックリングによると，経営者の利害が株主の利害と一致しないとき，自己資本のエージェンシーコスト（agency cost of equity）が生じると指摘している。経営者と株主の利害の一致は，経営者の所有が増加し，所有経営者になることである。同じく，支配株主の所有が増加すると，支配株主の利害が外部の少数株主と一致するかも知れない。しかしながら，経営者または支配株主の所有が高度に集中したら，経営者安住主義（management entrenchment）または収奪（expropriation）が増加することで，企業価値の低減という結果になるかも知れない（Morck, 1988）。高度に集中された所有（経営者と株主の利害が一致している）の肯定的な効果が最初は優位を占めるが，高い水準で経営者の所有が増加すると否定的効果（経営者安住主義）がより深刻になる（Morck, 1988）。したがって，支配株主と少数株主との間には，情報の非対称性が生じ，支配株主は私的利益を追求するために，少数株主の利益を収奪する可能性が生じるだろうし，支配株主と少数株主との間のエージェンシー問題が生じるであろう。

すなわち，韓国企業におけるエージェンシー問題は，①株主と経営者との利害不一致（agency costs of equity, Jensen & Meckling, 1976）ではなく，②債権者と株主の利害に従う経営者との利害不一致（agency costs of debt, Jensen & Meckling, 1976），および，③支配株主（controlling shareholders）

と外部少数株主（outside minority shareholders）との利害不一致（La Porta et al., 2000. Shleifer A. & R. Vishny, 1997）の問題である。

韓国においては，支配株主が経営者でもある所有経営者であるため，所有経営者体制におけるエージェンシー問題は，専門経営者体制におけるエージェンシー問題とは異なる角度から生じるといえよう。

（2） 危機以前の企業統治問題

韓国の企業統治はどのような問題を抱えているのだろうか。韓国財閥の企業統治の問題として，以下，四つの点があげられる。

第1に，支配株主であるオーナー経営者に絶対的な支配権があり，オーナー経営者の私的利益が優先され，少数株主，従業員，債権者などの利益が保護されていないことである。オーナー経営者に権限が集中していることによって，オーナー経営者の独善的・専横的経営に対する牽制と監視が働かなかったのである。韓国財閥のオーナー経営者はすべての系列企業をほとんど完全にコントロールしており，彼らは，自分自身の利益のために少数株主から収奪が容易にできる（Joh, 2003）。つまり，韓国企業においては，集中的な所有権を利用して直接・間接的に経営をコントロールしている支配株主であるオーナー経営者は，一般の少数株主，債権者などの利益よりも自分自身の利益の最大化を図り，利害関係者の利益は保護されていなかった。

第2に，オーナー経営者の執行活動を監督する取締役会，監査役会，機関投資家などの会社機関および利害関係者によるモニタリング機能の欠如である。企業内部の主要な監視主体として取締役会や債権者としての主力銀行，機関投資家などの利害関係者からのチェックが不十分であった。取締役会の構成員は，大部分がオーナー経営者によって選任されたメンバーで内部昇進者，親族関係にある構成員で構成されている。支配株主であるオーナー経営者が取締役の選任に実質的な権限を行使しているため，取締役の独立性が欠如しており，彼らによる監視機能はほとんど機能しなかった。監査役会も取締役会と同様，制度上は株主総会で選ばれることになっているが，事実上は

監査役の選任が株主総会ではなく，大株主および取締役会で行われ，取締役の執行活動を監視するという機能はほとんど働かなかった。1995年の調査によると大株主および取締役会によって選任される監査役の比率は93.4%であった（Jung chan hyun, 1988）。また，韓国財閥の場合，資産の大部分が負債であるため，債権者による経営牽制の役割が重要であるが，債権者である金融機関も政策金融が主要業務であるため，企業経営を監視・チェックする能力もなく，必要もなかったのである。

第3に，実質的な支配権をもっている支配株主（オーナー経営者）が，行使する権限に相応する法律的な責任を負わない点である。オーナー経営者が就いているグループ会長という職位が法的責任を負わないことによって，責任を回避する恐れがあった。グループ会長職にある者は経済危機以前までは代表取締役に就いていなかったため，グループ会長は企業経営に関する意思決定権をもつが，責任は負わず，チェックされなかったのである。

第4に，グループのオーナー経営者を補佐する機構（general staff）としての総合企画室，グループ会長室等が法律的責任を負わないことである。補佐機構も会社の公式の機関ではなく商法上の規定がないため，法的責任の欠如があげられる。

このようにみると韓国の企業統治問題の中心的な課題は，オーナー経営体制の中で，いかにして個々の企業の自立性と独立性を確保し，オーナー経営者の執行活動に対する適切な監視，監督機能が働く統治構造を構築するかが焦点であると思われる。

4 企業統治システムの改革

韓国企業の企業統治問題は，オーナー経営体制という経営環境の中で，オーナー経営者の執行活動を監視・監督しにくい構造そのものにあったといえる。このような問題を解決するために，経済危機以後から企業経営の透明性を向上させるために本格的な企業統治の改革が推進された。企業統治関連の改革は企業統治関連法，制度の改正が中心となった。

表 4 企業統治改革のプロセス

年・月	主 要 内 容	
1998.1	金政権と5大財閥との合議（5大原則）	①企業経営の透明化，②相互支払い保証の解消，③財務構造の改善，④業種専門化，⑤支配株主と経営陣の責任強化
1999.2	OECD勧告案	①取締役の任務と責任，②情報開示と透明性，③株主権利保護，④株主同等待遇，⑤利害関係者の役割
1999.9	企業支配構造改善委員会による「企業統治構造模範基準」	①株主の権利強化，②取締役会の活性化，③監査機構の活性化，④利害関係者の権利保護，⑤市場による経営監視
2000.6	法務部「企業支配構造改善案」	①取締役会・社外取締役の権限強化，②株主の権利強化

出所）各資料により筆者作成

（1） 改革の経緯

韓国の企業統治改革はIMFやOECD等外部からの強い要求によるものであったが，韓国国内でも民間委員会として企業支配構造改善委員会が設立され[2]，企業統治のガイドラインとなる「企業支配構造模範規準」を発表した。この企業支配構造模範規準はその後行われる商法，証券取引法などの改正に影響を及ぼした（表4）。

（2） 改革の主要内容

韓国で行われた企業統治の改革の主要な内容として，次の四つがあげられる。

第1に，株主権利を保護する目的として，少数株主権の強化や支配株主の責任強化，機関投資家の議決権の認定が行われた[3]。支配株主の責任強化として，事実上の取締役（de facto directors）の制度を導入した（商法第401条2）[4]。これは，財閥のオーナー経営者など支配株主が取締役の地位に就かず，

経営権を行使するにもかかわらず，責任を負わないという弊害から，事実上影響力を行使した者に取締役と同様責任を負わせ，かつ少数株主の代表訴訟による責任追及ができるようにするのが改正の目的である。また，取締役の忠実義務（duty of loyalty）を規定して支配株主の法的経営責任を強化した（商法第382条3）。さらに，支配株主の代表取締役への就任と企画調整室，秘書室などの補佐機構の解体を勧告した。

少数株主の権利を保護するために少数株主の権限行使要件を大幅に緩和した。97年，98年の証券取引法と98年の商法の改正により少数株主の権限要件の緩和，株主提案権の新設など少数株主による経営監視機能の強化が図られている。改正商法において株式会社一般の少数株主権の持株要件が以前の5％から概ね3％あるいは1％に緩和された。さらに，改正証券取引法においては資産規模別に権利行使要件が大幅に緩和された（表5）。少数株主は，上場企業に対しては証券取引法で定められた要件によって権利を行使し，非上場企業に対しては商法によって権利を行使することができる。このように少数株主権は商法および証券取引法の改正によって権利行使要件が上場企業別，資産規模別に細分化され，それぞれに対応できるように設定された。

第2に，取締役会の制度改革として，全上場企業の社外取締役の導入義務

表5 少数株主権の行使持分の緩和　　　　　　　　　　　（単位:%）

少数株主権	商法(必要持分)非上場企業 保有期間：1年以上	証券取引法(必要持分)上場企業 保有期間：6ヵ月以上
株主代表訴訟提起権	1	0.01
取締役の不法行為阻止請求権	1	0.5(0.25)
取締役解任請求権	3	0.5(0.25)
株主提案権	3	1(0.5)
会計帳簿閲覧権	3	1(0.5)
臨時株主総会召集請求権	3	3(1.5)

注）（　）は資本金1千億ウォン以上の上場法人に適用する。
出所）参与連帯社会研究所『韓国5大財閥白書』(1999)

表 6　社外取締役制度および監査委員会制度の導入に関する法規定の主要内容

年・月	法規定	主　要　内　容
98.2	有価証券上場規定	全上場法人の社外取締役選任義務化(1人以上)
99.12	商法改正	監査役の代わりに社外取締役を中心とした監査委員会を選択設置
00.1	証券取引法改正	資産規模2兆ウォン以上の上場法人と証券会社の場合，社外取締役が取締役数の2分の1以上，(3人以上)選任義務化 監査委員会設置義務化(社外取締役を3分の2以上) 社外取締役候補推薦委員会(社外取締役を2分の1以上)設置義務化
01.3	証券取引法改正	店頭登録法人(資産総額1千億ウォン未満のベンチャー企業は除外)の社外取締役制度の導入，大型店頭登録法人は大型上場法人同様社外取締役および監査委員会の設置義務化

出所)　法規定をもとに筆者作成

化(4分の1以上)と監査役に代替できる監査委員会制度を導入した。とくに，資産規模2兆ウォン以上の上場企業は2分の1以上の社外取締役の導入および監査委員会設置を義務化した。また，2000年12月には上場会社協議会が中心となり「社外取締役職務遂行規準」を制定し，社外取締役の活動規準を提示した。このような取締役会の制度の改革は，経営者の執行活動に対する監視機能を強化し，経営の透明性を向上させることを目的としている。

第3に，企業会計の透明性を高めるために企業会計制度(企業会計基準の改正，外部監査強化，「企業集団結合財務諸表」の作成)および開示「公正公示」(fair disclosure)制度(四半期報告書の開示)を強化した。企業の透明性を高めるとともに国内外の信頼を得るために企業会計基準を改正し，1999年会計年度から施行している。改正された会計基準は，国際会計基準(IAS)とアメリカの一般会計原則(GAAP)を大幅に取り入れたもので，従来の会計基準より厳格になった。また，同一人の実質的支配下にある大規模

企業集団（30大財閥）全体に対しては，1999年会計年度から企業集団結合財務諸表（Combined Financial Statement）の作成を義務化した。外監法（株式会社の外部監査に関する法律）では，総資産70億ウォン以上の株式会社に対して個別財務諸表の作成を，また，支配会社については連結財務諸表の作成を義務づけている。しかし，連結財務諸表の対象会社の範囲は支配会社の持分比率を基準に設定されることから，韓国企業特有の株式所有・経営構造においては企業集団の実態が十分に反映されないという問題が生じた[5]。そこで，法律上は独立した法人であるが，特定の法人・個人によって事実上支配されている会社についてその経済的同一性を認め，その企業集団に所属するすべての企業の財務諸表を結合して作成する結合財務諸表を導入した。

この財務諸表は1998年の外監法の改正により，大規模企業集団に属する企業を対象に，その財閥グループの財務状況の開示を目的とした韓国独自の財務諸表である。また，外部監査機能を強化するために，上場企業と結合財務諸表作成義務がある企業集団については外部監査人選任委員会の設置が義務づけられた。

開示「公正公示」制度は，営業実績，財務状態（連結財務諸表，結合財務諸表等），合併，増資など企業の重要情報を一般投資家に定期・随時に公開することを義務づけ，情報の非対称性を防止しようとする制度である。四半期報告書および半期報告書の開示など商法および証券取引法において規定している。また，公示違反に対する制裁および処罰も強化された。

第4に，市場規律を強化するための改革には，M&A関連各種規制の廃止，外国人の株式投資限度の廃止などがある。韓国では，国内企業を保護す

表7 外国人の株式保有上限比率の推移 （単位：％）

区　分	1992.1	1994.12	1995.7	1996.10	1997.12	1998.5
海外投資家合計	10	12	15	20	55	100（完全自由化）
個別海外投資家	3	3	3	5	50	100（完全自由化）

出所）日本銀行国際局ワーキング・ペーパー・シリーズ「韓国の企業改革について」2003年10月

る目的で，従来，外国資本に対する規制が厳しかったが，97年の経済危機後，外資に関する規制が緩和され，98年には外国人株式保有の上限が完全に自由化された。

5 改革の実態と問題

以上のように韓国において企業統治の改革が行われて5年が経つ。現段階での改革の実態と問題点および改革に対する全般的な評価がどのようになされているのかを検討してみる。

(1) 改革の実態と問題

第1に，支配株主の経営責任の強化を図った面で改善された点は，支配株主であるオーナー経営者が代表取締役に就任し，法的責任が問われるようになったことである。しかし，まだ，改善されていない点は，補佐機構である会長秘書室などが廃止されたにもかかわらず，その代わりになるような新しい機構を設置していることである。たとえば，「現代」では社長団運営委員会を現代経営諮問委員会に代替，総合企画室の代わりに主力会社である現代建設に現代経営戦略チームを新設した。「三星」にも構造調整本部が新設され，「LG」も会長秘書室は廃止されたが，構造調整本部が新設された。つまり，形式上では廃止されているが，その名称を変えただけで，補佐機構の機能がそのまま残っており，中央集権的な意思決定構造に変化はみられなかった。支配株主であるオーナー経営者はこの補佐機構の存在と改革後も相変わらず安定的な高い内部持分比率を維持することによって，オーナー経営体制は，改革後も変わることなく，依然として維持されているのが実態である（表2）。

第2に，少数株主の権限の強化を図った面では，少数株主の権限行使の要件が大幅に緩和されたことによって，少数株主の権限行使の動きがみられた。市民団体である「参与連帯」[6] (PSPD: People's Solidarity for Participatory Democracy) による少数株主運動 (Minority Shareholder Movement) が財閥企業の株主総会を通じて展開された。「参与連帯」が行った少数株主行動のケースは24件あり，そのうちよい結果が得られたケースは13件であった (Choi & Cho, 2003)。これは，少数株主の積極的な株主行動主義 (Shareholder activism) の動きがあるものの，財閥の支配株主と現職経営者の抵抗が大きいことを示唆しているように思われる。1999年3月株主総会において注目されたのは累積投票制（cumulative voting）の導入であった。「参与連帯」は，三星電子，SK テレコム，LG 半導体，現代重工業，（株）大宇の株主総会に参加し，累積投票制の導入を要求したが，財閥企業は，株主総会で決議すれば，累積投票制を導入しなくてもよいという商法の規定を利用し，累積投票制を排除する定款を新設し，結局，累積投票制は企業側に受け入れられなかった。しかし，三星電子やSK テレコムは，少数株主の要求を部分的に取り入れるなど，少数株主が権限を行使しつつあると思われる。ただ，少数株主の権限行使が一般の少数株主によってはほとんどなされておらず，市民団体を中心に展開されているのが現状である。

　第3に，取締役会の改革の中心であった社外取締役の導入および監査委員会の設置は制度的には定着してきたといえる。全上場企業の社外取締役の導入（4分の1以上）と資産2兆ウォン以上の上場企業における2分の1以上の社外取締役の導入が義務化された結果，全体の取締役のうち社外取締役が占める割合も98年の11.4%から2002年33%にまで増加している。4大財閥の社外取締役の選任比率も平均42.66%で，上場法人の平均を9%上回っている（韓誌『毎経ECONOMY』2002年4月3日号）また，監査委員会設置

表 8　上場法人1社当たりの社外取締役の選任比率

区　分	1998年 (735社)	1999年 (701社)	2000年 (693社)	2001年 (684社)	2002年 (669社)
取締役数(a)	7.96人	6.92人	6.64人	6.71人	6.14人
社外取締役数(b)	0.91人	1.72人	2.05人	2.08人	2.03人
(a)/(b)	11.4%	24.8%	30.8%	32.8%	33%

出所）　韓国上場会社協議会（2002）

状況をみても，2000年現在，監査委員会設置が義務づけられた（資産2兆ウォン以上上場企業）企業69社以外にも自律的に設置した企業12社を合わせて81社において監査委員会が設置されている。

しかし，それらの運営に関しては，まだ解決すべき問題が残されている。

市民団体の「経実連」（CCEJ: Citizen's Coalition for Economic Justice）による6大グループ54系列会社，163人の社外取締役を対象に行った最近（2003年9月）の調査結果をみると，グループの系列会社の前・現職の役員，経済関連の監督機構の前・現職の人員，系列会社と密接な利害関係にある政府部署および研究員の前・現職の人員の多数が社外取締役に選任されていることが明らかになった。とくに公務員，政府各部署の委員会の委員，前職公務員出身が76名（46.6％）を占めている。また，社外取締役の選任も社外取締役推薦委員会からの推薦は54社の内29社にとどまっている。この6大グループの社外取締役は系列会社と密接な利害関係にある人物が多数を占めており，社外取締役の独立性の問題が問われる。また，全上場法人においても社外取締役の選任は支配株主および経営陣からの推薦が76％である。韓国企業において社外取締役は最大株主および経営陣から選任されているのが現状であり，社外取締役の独立性を確保していかなければ，改革の目的であった経営者に対する監視・チェック機能の発揮は困難であろう。

第4に，会計制度の強化は国内企業の会計基準の国際化を図ることによって海外投資家からの不信を取り除き，企業の会計透明性を高めるのに寄与している。企業集団結合財務諸表は，企業集団の財務状態および経営成果等に関する情報提供や企業集団内の系列会社間の主要取引内容が公示される効果もある反面，韓国独自の財務諸表（企業集団結合財務諸表は，韓国財閥オーナーが支配する国内外系列企業を一つの企業とみなし，作成する財務諸表で，資産規模2兆ウォン以上の企業集団が対象になっている。連結財務諸表は企業が実質的に支配する企業が対象になっているが，結合財務諸表は個人の大株主が実質的に支配する企業が対象になっており，韓国にしかない財務諸表であり，国際的に通用する財務諸表ではない）であり，国際基準からみ

てその有用性に疑問が残る。

　開示制度の強化は，四半期報告書の開示，不公示企業に対する処罰の厳格化などにより，企業側の情報開示が活発に行われ，投資家の信頼を回復するのに寄与している。開示件数も2001年上半期に8,121件から2003年上半期では11,927件と徐々に増加している。しかし，金融監督院が上場法人および店頭登録法人の内部開示環境について実態調査した結果によると，企業の経営者および大株主の開示に関する認識および支援が不十分な点，開示担当者の専門性の欠如および他業務との兼職等の問題が指摘されている。

　第5に，市場規律に関しては，外国人の株式投資限度の廃止など外資に関する規制が緩和されたことによって，外国人株主が増加し，市場からの規律の動きがみられる。

　外国人の株式保有比率は時価総額ベースで96年度の13％から2002年には36％まで上昇し，外国人株主による株式所有が増大してきた（表9）。2002年度の持ち株ベースでは11.5％と個人（35.5％），法人（21.0％）を下回るものの，時価総額では，最大の保有主体となって，外国人が優良企業への投資を集中させており，株式市場での企業選別が強まっている。

　外国人持分比率が40％以上の企業は30社で，全体の6.1％に過ぎないが，これらの企業の半期純利益比率は全体の55.5％を占めている（表10）。とくに，外国人の持分比率が高い企業ほど負債比率も低く売上高営業利益率など収益性も良好である。つまり，外国人投資家は好業績の企業，収益性の高い企業を選択して投資をしていることを意味している。このように株式の

表9　株式保有比率の推移（上場法人の株式時価総額基準）　（単位：％）

区分＼年	1996	1997	1998	1999	2000	2001	2002
機関	30.7	26.2	13.7	16.9	13.4	15.8	15.9
外国人	13.0	13.7	18.0	21.7	30.2	36.6	36.0
個人	30.8	29.6	28.9	25.9	20.0	22.3	22.3

出所）　韓国証券取引所

表 10　上場法人の外国人持分比率と実績現況　(単位：社，%)

区　分	外国人持分比率					合計(平均)
	10%未満	10～20%	20～30%	30～40%	40%以上	
会社数	362	48	30	24	30	494
負債比率	126.1	141.6	101.4	83.6	82.3	103.7
売上高比率	24.7	14.9	19.5	8.9	32.1	100.0
営業利益比率	14.0	12.2	13.4	10.0	50.4	100.0
半期純利益比率	3.2	13.9	15.7	11.7	55.5	100.0
売上高営業利益率	5.0	7.2	6.1	9.9	13.8	8.8
自己資本利益率	1.5	14.6	7.1	15.0	19.1	11.2

注)　比率は全体実績に占める比率である。
　　売上高営業利益率＝(営業利益÷売上高)×100
　　自己資本利益率＝(半期純利益÷自己資本)×100
出所)　韓国証券取引所 (2003年8月)

　持分比率が増加した外国人投資家は，企業によい緊張感を与えるとともに，企業経営の透明性の向上，積極的なIR活動等を促し，株式市場からの規律を働かせるモニターとして，企業統治の面でも企業経営に良好な影響を与える存在になりつつある。

　一方，機関投資家の議決権行使が認定され，機関投資家が企業経営を監督できる環境が整備されたが，機関投資家の議決権行使は低調である。韓国上場会社協議会の調査結果によると，株主総会で機関投資家が議決権を行使した会社は上場会社242社のうち68社に限られており，機関投資家の議決権の行使が投票に影響を及ぼしたケースは5社にすぎなかった。また，証券取引所に議決権行使を公示した機関投資家の80社は株主総会の主要案件323件のうち賛成が305件と，株主総会の主要案件に関する賛成比率が95％以上を占めている。すなわち，機関投資家の議決権行使は株主総会で議決権を行使しているものの，大株主としての経営に対する監視機能は不十分である。

(2) 改革に対する評価

以上のように経済危機以後導入された企業統治関連制度および改革はどのように評価されているのだろうか。国内企業の評価として,「全国経済人連合会」が社外取締役および監査委員会の義務化されている大企業130社を中心に行った「企業支配構造実態調査結果」では, 回答した企業の約95％が企業統治の関連制度および改革が企業経営の透明性を高めるのに寄与していると評価しているが, 約85％が経営の効率性にはほとんど寄与していないと評価している (表4)。駐韓外国企業35社を対象に調査した結果によると, 回答企業の約90％以上が韓国企業の統治構造および経営の透明性が改善されたと報告している。

改革の実態と問題を検討した結果, 多くの課題も残されているが, 韓国の企業統治は改革以後, 確かに少しずつ改善されてきているように思われる。

しかし, 国際的には決してよい評価ではなかった。PWC (Price Water-

表 11 経営透明性と経営効率性に対する効果 (単位：％)

	透 明 性			効 率 性		
	寄与(多)	多少寄与	寄与(少)	寄与(多)	効果なし	阻 害
全般的評価	14.9	79.7	5.4	15.7	80.0	4.3
各項目別						
株主代表訴訟権緩和	3.8	65.4	30.8	6.6	81.6	11.8
数株主権強化	8.8	61.3	30.0	7.8	76.6	15.6
大株主議決権制限	7.5	60.0	32.5	7.8	74.0	18.2
会計基準及び公示制度の強化	45.0	51.3	3.8	33.3	61.3	5.3
社外取締役制度導入及び運営	23.8	47.5	28.8	19.7	69.7	10.5
監査委員会設置及び運営	17.3	52.0	30.7	20.8	75.0	4.2

出所) 全国経済人連合会「企業支配構造実態調査結果」2002年10月

house Coopers）の国家別不透明性指数（opacity index）の調査で35カ国（4カ国の先進国と31カ国の新興市場国）のうち韓国は31位であった（2001年1月）。また，PERC（Political and Economic Consultancy）のアジア諸国10カ国のうち企業統治は10位，透明性に対する評価でも9位と香港，シンガポールが高い評価であるのに対して，韓国に対する評価は最下位と低かった（英誌：*Economist*，2001年4月7日号）。このように国際的な評価が非常に低く，アジア諸国の中でも，よい評価を得られていないということは韓国の企業統治の構築が急務であることを実感させられる。

前述したとおり，改革に対する国内（2002年10月）および国外（2001年1月，4月）の評価は，異なる見解が見られる。国内評価は韓国だけを対象に行った評価で国外の評価は国際比較を通じた評価であり，しかも国内評価より1年ほど先に行われたものである。この点を考慮し，総合的に韓国の企業統治改革を評価すると，国際的にはまだ低い水準であり，高い評価を得られるほどではないものの，韓国の企業統治の改革は徐々に改善されつつあると判断してよいと思われる。

6　おわりに

以上，韓国における企業統治の改革について分析してきた。オーナー経営体制が依然として継続されているなかで，韓国の企業統治改革の核心ともいえるオーナー経営者/支配株主の執行活動に対するモニタリング・システムは，制度的には整備されたといえる。だが，その運用面ではまだ満足するほど効率的に運用されているとは言い難い。しかし，現在進行中の企業統治改革は，企業の経営行動の透明性および効率性の向上に向けて，取締役会および監査制度の改革，取締役会の人数の削減，オーナー経営者の取締役への就任，積極的なIR活動，情報開示，会計基準の強化などによって企業統治が徐々に改善されつつあると思われる。この5年間，上場企業の収益率は上昇し，負債比率も低下しており，こうした動きは企業統治問題の改革の影響もあったであろう。

しかしながら，韓国の企業統治に関する国際的評価が低く，まだ，改善されるべき課題は多く残されているが，韓国の企業統治が国際社会で高い評価を得るためには，企業統治の改革によって整備された制度の効率的な運用が必要であり，今後制度の効率的な運用への一層の努力を期待したい。

(謝辞) 本稿の作成にあたり，2名の匿名レフェリーの先生から貴重なコメントを頂戴いたしました。ここに記して感謝申し上げます。

〈注〉
1) 深川由紀子（1997）は，韓国の財閥は家族所有や市場における独寡占的地位という点では戦前の日本の財閥と似ていても，①一族の持株会社から子会社―系列会社―傍系会社と続く日本のピラミッド型組織とは異なり，組織が比較的水平的，②証券・保険などはあるが，銀行の所有支配は禁止されている，③日本の番頭に当たるような非血縁者が経営中核に存在せず，血族の経営参加・支配が深く，広範囲にわたるなど異なる特徴を有しているとしている。趙東成（1997）は，政府の支援下で成長した親族中心支配の大規模企業集団を韓国財閥の概念としている。服部民夫（1985）は，家族・同族による（封鎖的）所有，そして多角的事業体として捉えているが，家族・同族の構造が日本と韓国では異なっているとしている。李漢九（1999）は多くの見解を整理し，韓国の財閥は日本の戦後の系列よりも戦前の財閥に近いとし，韓国財閥の特徴として所有構造と経営面で創業者一族中心の所有と中央集権的経営が一般的であると指摘した。
2) 韓国では，「Corporate Governance」と英語で表記し，韓国語では「企業支配構造」と訳されている。企業支配構造と訳しているのは，韓国の大企業グループにおけるオーナー経営者が企業に対して絶大的な支配権を有しているため，企業支配の問題が以前から問題になっていたためではないかと思われる。
3) 支配株主は，株式保有比率に関係なく役員の任免等当該法人の主要経営事項に対して事実上影響力を行使している者を指す。支配株主は個人，法人，機関投資家等すべての株主を含む。
4) この制度は，会社に対し自己の影響力を利用して取締役に業務執行の指示をなした場合，取締役の名義をもって直接業務を執行した場合，取締役でないにもかかわらず，名誉会長，会長，社長，副社長，専務，常務など会社の

業務を執行する権限があると認められるような名称を使用して会社の業務を執行した場合，もしくは指示した場合，取締役としてみなすことである。
5) 日本監査役協会・韓国調査団報告書（2002）「韓国のコーポレート・ガバナンス」『月刊監査役』p. 39
6) 1994年9月に発足した市民運動団体。本来の名称は「参与民主社会と人権のための市民団体」である。「参与連帯」は国家権力に対する監視および政策案の提示，実践的市民行動を通じた民主主義の建設を目標にしている。最近では少数株主運動を主導している。
7) 「参与連帯」（PSPD）の少数株主運動については（Choi & Cho, 2003）が詳しい。
8) 少数株主の権限を保護する制度で，2名以上の取締役を選任する場合，株式数による票数を一人の候補者に集中することを認める累積投票であり，韓国においては集中投票制ともいう。

〈参考文献〉
菊池敏夫（2002）「企業統治と企業行動―欧米の問題状況が示唆するもの―」『経済集志』第7巻2号
菊池敏夫・平田光弘（2000）『企業統治の国際比較』文眞堂
勝部伸夫（2003）「韓国の財閥改革とオーナー支配体制の維持」『海外事情研究』第30巻2号　pp. 247-271
野呂国英・赤間弘（2003）「韓国の企業改革について―政府主導から市場主導の改革への移行―」日本銀行国際局ワーキング・ペーパー・シリーズ
日本監査役協会・韓国調査報告書（2002）「韓国のコーポレート・ガバナンス」『月刊 監査役』465号　日本監査役協会　pp. 29-51
服部民夫（1988）『韓国の経営発展』文眞堂
深川由紀子（2000）「東アジアの構造調整とコーポレート・ガバナンスの形成―韓国の事例を中心に」青木昌彦・寺西重朗編著『転換期の東アジアと日本企業』東洋経済新報社
金在淑（2003）「オーナー経営体制における企業統治に関する研究―韓国財閥を中心に―」日本経営教育学会　第48回全国大会　報告要旨
「ASIAN BUSINESS SURVEY」『THE ECONOMIST』APRIL 7TH 2001
Byungmo Kim, Inmoo Lee (2003) Agency problem and performance of Korean companies during the Asian financial crisis: Chaebol vs. non-chaebol firms, *Pacific-basin finance journal*.
Berle, A. and G. Means (1932) *The Modern Corporation and Private Property*,

New York ; The Macmillon. (北島忠男訳（1958）『近代株式会社と私有財産』文雅堂書店)

Claessens, S., Djankov, S. and L. Lang (2000) "The separation of ownership and control in East Asian corporations," *Journal of Financial Economics* 58, pp. 81-112.

Jensen, M. C. and W. H. Meckling (1976) "Theory of the Firm : Managerial Behavior, Agency Cost and Ownership Structure," *Journal of Financial Economics*, 3, pp. 305-360.

La Porta, R., Lopez-de S. F., Shieilfer, A. and R. Vishny (2000) "Investor protection and corporate governance," *Journal of Financial Economics* 58, pp. 3-27.

Morck, R. (1988) "Management Ownership and Market Valuation," *Journal of Economics*, 20, pp. 293-315.

Schleifer, A. and R. W. Vishny (1997) "A survey of corporate governance," *Journal of Finance*, vol. LII, No. 2, pp. 737-783.

Hasung J. and K. Joongi (2002) "Nascent Stages of Corporate Governance in an Emerging Market : regulatory change, shareholder activism and Samsung Electronics", *Corporate Governance*, pp. 94-105.

Woon-Youl Choi and Sung-Hoon Cho (2003) "Shareholder activism in Korea : An analysis of PSPD's activities," *Pacific-basin finance journal*.

（韓国語文献）

金龍烈他（2000）『先進経済跳躍のための企業支配構造改革』産業研究院　ウルユ文化社

趙東成（1997）『韓国財閥』毎日経済新聞社

金東運（1999）「支配・経営構造」『韓国5大財閥白書』参与連帯参与社会研究所ナナム出版

金元鉌（1998）「韓国企業の所有支配構造に関する考察」『ソウル大経営論集』第32号1　pp. 14-41

Lim ung-ki（1998）「IMF体制下の大企業の所有・支配構造に対する評価」『延世経営研究』第66号　pp. 43-72

Jung Chan Hyun（1988）「英米法上の監査制度」月刊『考試』10月50日号

「企業支配構造の改善法案」『産業支援部政策課題の報告書』全国経済人連合会2002

「企業支配構造実態調査結果」全国経済人連合会　2002年10月

「社外理事5年の現住所」『毎経ECONOMY』2002年4月3日号　pp. 24-40

「2002年上場会社社外理事の現況」月刊『上場』韓国上場会社協議会　2002年9月
「公正公示制度導入法案」月刊『上場』韓国上場会社協議会　2002年10月
「機関投資家の株式投資現況および売買形態分析」韓国証券取引所　2003年7月
「上場法人の外国人持分比率と実績現況」韓国証券取引所　報道資料　2003年8月

8 台湾における産業空洞化
——IT産業の海外への生産シフト要因の分析を中心に——

高　子原

キーワード
IT産業　空洞化　台湾のIT企業　アンケート調査　海外生産シフト　因子分析

1 はじめに

　近年，中国の経済発展がアジア諸国の産業構造の変化に大きな影響を与え，とくに日本や台湾では生産の海外シフトによる産業空洞化の兆しがみられるようになった。日本の場合，1985年のプラザ合意以降，産業界は，急激な円高によるコスト競争力の喪失に直面し，次つぎと台湾，東南アジア，そして中国に生産拠点を移し，現地生産へとシフトを進めている。産業別には，一般機械，電気機械，繊維などの海外生産が定着しているが，この2,3年，それまで輸出実績の少なかったIT（Information Technology）産業も急速に海外生産を増やしていることが注目される。このために，産業の空洞化に関する議論も新しい色彩，意味を帯びてきた。

　台湾の資訊工業策進会（III：Institute for Information Industry, 2002）の調査によれば，2000年から2001年にかけて，経済高度化の指標ともなる日本や台湾のIT産業が生産拠点を急速に中国に移すようになった結果，中国の

IT製品の生産額は，2001年には日本を抜いて世界第2位に躍り出た。大型コンピュータやPC本体のほか，周辺機器などを含むハードウェアの生産総額は，2000年には282億ドルだった中国の生産額が，2001年は25%近く増大して352億ドルに達した。したがって，IT製品の生産額の上位5ヵ国は，首位のアメリカは変わらないが，2位が中国に移り，3位日本，4位台湾，5位シンガポールの順になっている（III：Institute for Information Industry, 2002）。

しかし，この中国の生産総額の約64%は台湾系のIT企業によるものと推定されており，2000年から2001年にかけて，台湾IT企業の大手であるエイサー（Acer）をはじめ，多数の台湾IT企業は中国で生産を開始している。この結果，台湾では，失業率が史上最悪の5.3%で高止まりしており，日本がアジア諸国に徐々に工場を移転したのに対し，台湾では中国への生産シフトによる産業の空洞化問題がより急激に深刻化した。

本稿は，台湾IT産業の海外シフトの要因がどう捉えられているのかを分析し，それに随伴する諸問題，とくに中国への生産シフトに伴って労働力，技術などの移動，すなわち，空洞化に至る現象を考察することを目的とする。そして，本稿の目的を検証するために，台湾のIT製品メーカーの関係者にアンケート調査を実施し，その結果を分析する。

2 本稿の論理的立場

「空洞化」とは何かについて，欧・米・日の多くの研究者が関連する研究を行っている。空間，論者の個人意識・専門分野などによってその解釈は違っているが，それらは以下のように概括できる。まず，イギリスのシン（A. Singh, 1977）の研究では，「一国の製造業が対外貿易とのバランスを取れなくなることが，『脱工業化の現象（Deindustrialization）』」である[1]。アメリカのフランク（R. H. Frank, 1978）とフリーマン（R. T.Freeman, 1978）らは，「企業が海外で現地生産を展開することにより国内に相当の生産と雇用の空洞化を引き起こすことである」[2]。1986年3月号のアメリカのビジネス・ウィ

ーク誌（*International Business Week*）によると，「1980年代のアメリカ製造業は，国内の生産コストの高騰により生産拠点のオフショア化を進めた結果，国内の拠点は，主に製品の企画・設計・販売などを中心とするサービス産業に化したといえる。こうした企業は，伝統的な製造業と比べると空洞化企業（The Hollow Corporation）と呼んでもよい。また，一国の主な企業がサービス化すると，その国は産業空洞化（A Hollowing of Industry）の段階に入るともいえる[3]」と論じている。

日本の若杉隆平（1987）の研究では，空洞化は，「経済活動全体における製造業分野のウェイトを製造業の生産額や付加価値構成に占める製造業の比率でとらえたり，あるいは製造業の雇用者数や雇用構造に占める製造業の比率でとらえた場合にそれらの値が縮小し，サービス産業をはじめとする第3次産業に資本・労働の生産資源がシフトする[4]」ことである。また，小島清（1989）によれば，「広義の空洞化は，脱工業化現象であり，狭義の空洞化は，海外直接投資が企業，産業，国民経済等にもたらすインパクト[5]」のことである。伊藤元重（1989）の研究では，「生産拠点の海外移転により国内の雇用が減少したり，国内の技術開発力が低下する[6]」ことである，とする。原正行（1992）は，「広義の空洞化定義は，経済発展段階が高度化するにつれて第1・2次産業の比重が低下し，第3次産業の比重が上昇するサービス産業化することであり，狭義は，直接投資を通じて生産が海外に移転し，国内の製造が縮小，弱体化する[7]」ことであるという。渡辺幸男（1993）によれば，空洞化は，「日本国内を含めた東アジア全体を域内とみなす分業構造への再編成ととらえるべきであり，日系の機械工業完成品メーカーや部品メーカーが大企業だけではなく中堅企業層も含め，東アジア域内に，開発から生産の機能を最も適した場所に再配置する過程[8]」である。中村吉明・渋谷稔（1994）の研究では，空洞化は，「生産拠点が海外へ移転することによって，国内の雇用が減少したり，生産技術の水準が停滞・低下する[9]」ことである。井沢良智（1996）も，産業空洞化の現象として四つをあげている。それは，「未熟練労働者等の低賃金，失業率の上昇，技術水準の低下，貿易黒字の

縮小[10]」である。深尾京司（1997）と天野倫文（2002）によれば，「対外直接投資による国内の製造業を縮小させ，非製造業を拡大させる可能性が高いことは製造業の空洞化[11),12)]」である。

　こうした企業の生産拠点の海外移転による国内産業構造の変化に伴うさまざまな現象，いわゆる「空洞化問題」については，すでに行われた研究の共通点を以下のように集約できる。

　第1に，円高などによる賃金コストの上昇に伴い，輸入浸透度の高まり，輸出比率の低下，海外生産比率の上昇などを通じて，国内生産が縮小する結果，製造業をはじめとする国内で雇用問題が生じる可能性がある。こうした雇用問題は，「ペティ・クラーク（Petty・Clark）法則」にしたがった経済成長と産業構造の趨勢的な変化によるものである。ペティ（R. Petty, 1955）とクラーク（C. Clark, 1955）によれば，産業構造は「就業の構成比率」を指しており，産業構造を示す重要指標の一部であると述べて，産業別所得に相対格差が存在していることを明らかにした。[13]クラークの研究では，産業別所得の相対格差の存在は，産業間の労働移動を誘発し，綿密な国際比較を行うと産業間の労働移動の一般的な傾向があるとした。

　したがって，資源に乏しく，経済成長の動因を加工貿易型の産業化におかざるをえない台湾では，人的資源が経済発展にとってきわめて重要であるが，台湾にはこの法則が比較的当てはまる。2001年，台湾は戦後50年余の中で最も低いGDP成長率となった（表1参照）。マイナス成長は戦後はじめてであり，1999年のプラス5.67％，2000年のプラス5.98％から大きく急落したことがうかがえる。マイナス成長の主因としては，世界的なIT不況による台湾IT産業の低迷があげられ，このようなマクロ経済の低迷によって，台湾の失業率は2001年平均で4.57％と過去最悪を記録した。とくに，2001年後半は5％台に乗り，平均失業者数は45万人を超えた。

　第2に，生産拠点の海外移転は，資本や技術などの国際間で移動できる生産要素が海外の生産拠点に流出し，国内ではサービス産業に労働力の生産要素が傾斜する事態を招くことである。

バーノン（R. Vernon, 1966, 1971）は「PC（Product Cycle）モデル」によって，技術が普及し，労働力コストが決定的要因になってくると，多国籍企業が，発展途上国において生産活動を開始し，コストの削減を行う段階に至ることを3段階の分類を用いて説明した。ウェルズ（L. T. Wells, 1983）は，バーノン理論の基礎を発展途上国の多国籍企業理論に適用するためにそのモデルを拡張した[14]。彼によると，発展途上国，とくにアジア NIEs 企業が，広く普及した技術を輸入し，それを本国の経済的特殊条件に適合するように改良し，その改良した技術をもってより遅れた発展途上国へ投資する。しかし，発展途上国の多国籍企業の技術能力は，いずれ投資先の現地企業によって模倣されてしまい，存続できなくなると彼は考えた。ウェルズの分析は，一部の発展途上国の多国籍企業に対しては妥当するものであった。

しかしながら，近年，台湾，韓国など，アジア NIEs の企業が電子部品産業のような IT 産業において，先進国の多国籍企業と競合している現象を説明できないという弱点がある。台湾は従来，繊維，皮製品，木材製品などの軽工業において，国内需要向けに加えグローバルな輸出財の生産拠点として成長を遂げてきた。また1980年代後半以降は，重工業，IT産業が次つぎと立ち上がり，産業立国として世界に認知された。しかし，台湾における製造業のGDPに占めるシェアは年々低下を続けており，1990年の33.3％から，2000年には26.3％まで低下した。それに代わって対GDPシェアを高めているのがサービス業で，1990年の54.6％が2000年には65.6％にまで上昇した。1997年のアジア経済危機以降は，とりわけこのトレンドが顕著であり，なかでも物流，飲食，通信などの成長がいちじるしく，雇用者数の面でもサービス業のシェアが上昇している。

このように，海外への生産シフトは，低コストの労働力が豊富にあることが誘因となって投資の増加を促し，技術・生産の移転が盛んに行われ，国内経済には産業構造の変化や雇用率の低下などのさまざまな影響を与えた。したがって，一般製造業の海外への生産シフト要因とそれに伴う諸問題を分析した既存研究は多いが，IT産業の経営政策の視点からIT企業が海外生

産・海外調達を推進した理由は何なのか，この点についての研究は比較的少数にとどまり，とくにIT製品の生産額が世界第4位を示している台湾IT産業の海外生産シフトに関する論文はきわめて少ない。そのため，本論文は以下では台湾の産業空洞化の歴史・背景と本論文が実施した調査結果を検証しながら，台湾のIT産業の海外生産シフトについて焦点を当て，その実態・要因の分析を試みようとするものである。

3 台湾におけるマクロ経済の現況と産業構造の変化

　台湾の製造業は，鉄鋼，石油精製，石油化学など国営・元国営産業を除き，「世界のOEM工場」として発展してきた。政府も，60年代に世界に先駆けて「輸出加工区」を発足させ，80年代にかけて，製品分野を繊維，雑貨から電子部品，パソコンなどのIT製品へ産業の高度化を実現し，さらに90年代には特定の製品や生産プロセスに特化する形で，電子部品や半導体の分野でEMS，ファンドリ（Foundry）といった企業の国際競争力を急速に強化した。つまり，台湾の製造業は従来，国際分業に組み込まれる形で水平的な展開によって発展してきたが，従来の労働集約度の高い製品を海外生産に移転するとともに，産業高度化を展開することに奏功したのである。

　しかしながら，90年代の成長を支えてきたIT産業では，オープン・モジューラー生産型が進展した。すなわち，標準的な部品の寄せ集めによってIT製品であっても簡単に組み立てられるようになった。この結果，組立加工の付加価値が縮小し，キーデバイスや新材料，さらには開発・設計，ブランドなどの付加価値が拡大している。そして，世界的なIT不況が台湾の主流産業となったIT産業を直撃し，2001年，実質GDP成長率が戦後初めてマイナスとなり，台湾経済を支えてきた製造業の空洞化が懸念される状況になっている（表1）。

　他方，台湾産業は，90年代を通じ，繊維，食品等の伝統的産業からパソコン，電子製品といったIT産業にいたるまで，広範な製造業企業がその生産拠点を中国大陸に移転させてきた。台湾企業の対中投資は，政府の公式統

表 1 台湾のマクロ経済指標

分類 時間		総生産額		製造業 生産年 増率 (％)	外 資 (千ドル)	貿易動向 (百万ドル)			物価年増率 (％)		為替 レート	株価平 均指数 1966 =100
年	月	実質 GDP (10 億元)	経済 成長率 (％)		総金額	輸出	輸入	貿易 収支	卸売 物価	消費者 物価	ドル	
1995		6,168	6.03	4.46	2,925,340	111,659	103,550	8,109	7.37	3.68	27.27	5,544
1996		6,518	5.67	2.40	2,460,836	115,942	102,370	13,572	−1.00	3.07	27.49	6,004
1997		6,959	6.77	6.64	3,879,166	122,081	114,425	7,656	−0.46	0.90	32.64	8,411
1998		7,295	4.83	3.90	3,554,037	110,607	104,712	5,894	0.06	1.68	33.16	7,738
1999		9,051	5.67	8.13	4,053,164	121,638	110,698	10,940	−4.54	0.18	31.40	7,427
2000		9,569	5.98	7.96	7,607,760	148,376	140,014	8,362	1.81	1.26	31.28	7,847
2001		9,376	−1.91	−7.98	684,854	122,902	107,243	15,659	−1.33	−0.01	39.90	4,907
2002	1			12.92	358,092	9,692	7,357	2,335	−3.57	−1.68	34.98	5,737
	2			−11.79	206,256	8,048	6,526	1,522	−2.04	1.41	35.10	5,748
	3	2,360	0.52	1.49	193,270	11,450	10,163	1,287	−0.59	0.02	3,500	6,058

出所) 中華民国経済部統計処, 経済部投資審査委員会

計では年間28億米ドル (2001年) であるが, 一説には香港やタックスヘイブンの投資会社を通じた投資も加えれば, 1,000億米ドルを超えるともいわれる。また, 雇用の面でも中国に派遣されている台湾人は40万人に達しており, 台湾企業は中国で1,000万人の雇用を創出しているともいう。

それに対して, 中国経済が「輸入 → 輸入代替・国内生産 → 輸出」といった産業発展プロセス, いわゆる「雁行形態型」の産業発展モデル (赤松要, 1956) を超え, 90年代後半から, IT産業を急成長させているのは, 外国資本, とくに台湾からの資本による活発な中国投資による資本制約の低下と, オープン・モジューラー型生産プロセスの登場による, 製造工程の技術制約の低下がその背景にあるものと考えられる。このような中国の輸出振興の産業発展政策は, 台湾だけではなく, NIEs・ASEAN諸国の経済成長が鈍化

した有力な原因の一つとなっている。

4 研究概要とその考察
（1） 調査過程と分析方法

今回は，台湾の一部上場IT企業365社の経営者を母集団としてアンケート調査を行った。そして，分析のための必要標本数（n）は下記の公式に基づいて，母集団の大きさ（N）は全一部上場のIT企業365社で，母割合の予想値（P）は10％および信頼度95％での標本誤差の許容値（e）を5％として，約100以上の標本数（n=100）を必要とした。したがって，アンケート調査は2002年11月に郵送法で実施され，116の標本が得られたが，有効な標本数は107で，有効回収率は92.24％であった。

$$n=\frac{N}{\frac{(N-1)e^2}{1.96^2 P(1-P)}+1}$$

また，質問項目の測定尺度については，アンケートの対象者はそれぞれの項目について，その項目を認める程度の高低によって，「非常に当てはまる」を5,「全く当てはまらない」を1とするリカートスケール（Likert Scale）の5段階尺度によって評定した（Berdie, 1994）。

本稿では，その調査結果に基づいて，IT企業が生産拠点を海外へ移行した因子を抽出し，また質問項目と抽出した因子との相関および因子間の相関（Inter-factor Correlations）を分析する。そして，本稿の目的を検証するために，多変量解析（Multivariate Analysis）のなかの因子分析（Factor Analysis）を用いた。

（2） 海外生産シフトの現状の度数分布

上述のように，「世界のOEM工場」として知られている台湾は，90年代初期からIT産業への傾斜が進み，PC,半導体，電子部品などの分野で，世界のIT市場拡大の恩恵を享受してきた。日・米の大手PCメーカーが台

表 2　台湾 IT 企業の中国における生産拠点および主な製品

会社名	生産拠点	主 な 製 品
光寶電子	東莞，天津	電源ユニット，LED
誠洲電子	1ヵ所（不明）	14，15インチディスプレイ
全友電腦	1ヵ所（不明）	スキャナー
台達電子	東莞	電気機械・部品
金寶電子	上海	計算機，スキャナー
華通電子	惠州，廣東	プリント配線基板（PCB）
楠梓電子	崑山	プリント配線基板（PCB）
佳錄科技	1ヵ所（不明）	3.5インチFDD
致　福	4ヵ所（不明）	ディスプレイ
仁寶電腦	崑山	ディスプレイ
國　巨	蘇州，東莞	電子元件
友訊科技	東莞	ネットワーク関連
致伸實業	8ヵ所（不明）	スキャナー
英群企業	東莞	キーボード，メディア関連
源興科技	東莞	ディスプレイ
明碁電腦	蘇州	ディスプレイ
華元電子	東莞	ディスプレイ
美格科技	1ヵ所（不明）	ディスプレイ

出所）　各会社の上場公表説明書に基づいて整理

湾EMS事業者に対して機器の委託生産を行っており，このトレンドは現在も継続している．しかし，90年代後半を通じて，台湾のIT企業は生産拠点の海外への移行を進め，とくに中国大陸に移転させる企業が急増した（表2）．なお，今回の回収した標本において，海外生産が「ある」と答えた企業は88社で，82.2％を占めており，それに対して，「ない」と答えた企業は19社で，17.8％であった．生産拠点は，その多くが中国で，84社の61.3％を占め，次いで東南アジアで23社の16.8％である．それ以外に，米国，カ

表 3　台湾 IT 企業の海外生産の有無とその拠点

(n=107)

海外生産の有無	n	割合（%）
ある	88	82.2
なし	19	17.8
海外生産拠点		
ヨーロッパ	9	6.6
北アメリカ（米国, カナダ）	11	8.0
中国	84	61.3
東南アジア	23	16.8
東アジア	3	2.2
南アフリカ	4	2.9
大洋洲諸国	0	0
中近東	0	0
その他	3	2.2

ナダを含めた北アメリカ（11社8.0%），ヨーロッパ（9社6.6%），南アフリカ（4社2.9%），東アジア（3社2.2%）とその他（3社2.2%）などの順となっている（表3）。

(3) 因子抽出

本稿では，22の海外生産シフト理由（質問項目）に共通の潜在的な因子を探るために因子分析を用い，さらに，因子抽出法のなかの「重み付けのない最小二乗法（Unweighted Least Squares）」および「スクリーテスト（Scree Test）」と「プロマックス回転（Promax Rotation）」を行った。ただし，各項目のうち，因子負荷（Factor Loadings）が0.35に満たなかった項目（Q4）を削除し（Stevens, 1992），再度，因子分析を行った。因子の抽出には再び「重み付けのない最小二乗法」を用いた。因子数の決定は，固有値（Eigenvalue）1以上の基準を設け（Kaiser, 1960），「スクリーテスト」の結

図 1　スクリープロット

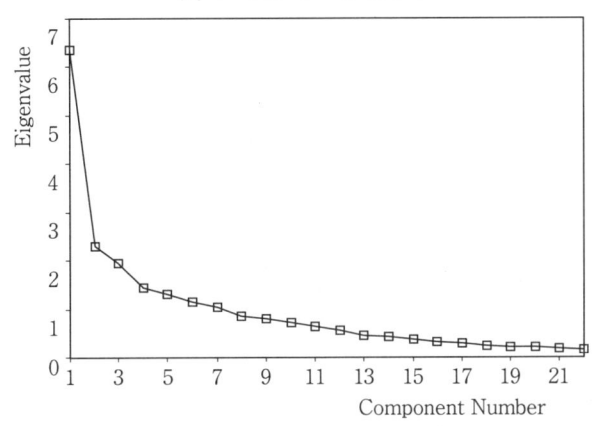

出所）筆者作成

果では，初期解（Initial Solution）における固有値の減衰状況，すなわち「スクリープロット（Scree Plot）」（図1）により判断し（Cattell, 1966），さらに因子の解釈可能性（Interpretable）も考慮して三つの因子を採択した。

「プロマックス回転」を行った結果の因子パターン（Factor Pattern）は表4に示したが，その中の因子負荷は，質問項目への回答に対する因子の影響力を表わすものである。

因子Ⅰは，「Q 12, Q 13, Q 6, Q 11, Q 7, Q 16, Q 9, Q 14」などの項目に対して負荷量が高く，それらの項目は新たな市場獲得や貿易障壁を回避し既存市場の拡大などに関する因子であると解釈し，「市場獲得・拡大に関する要因」と命名した。因子Ⅱは，「Q 20, Q 17, Q 21, Q 22」などの項目に対して負荷量が高く，それらの項目は取引先や競争相手・同業者などに関する因子であるとし，「市場競争・相互提携に関する要因」と命名した。因子Ⅲは，「Q 3」の項目に対して負荷量が高く，それらの項目は土地や労働力などに関する因子であると解し，「生産要素に関する要因」と命名した。

なお，各因子の信頼性（Reilability）について，クロンバック（Cronbach's）α 係数は，それぞれ因子Ⅰ「市場獲得・拡大に関する要因」は

表 4　因子パターン行列

因子/項目	因子負荷量			共通性
因子 I				
Q 12	**.816**	−.300	−.077	.762
Q 13	**.745**	−.078	−.219	.609
Q 6	**.702**	−.004	.378	.636
Q 11	.698	−.211	.143	.552
Q 7	.692	.065	.285	.564
Q 16	.644	.217	−.193	.499
Q 9	.531	−.058	.035	.287
Q 14	.529	.247	−.102	.351
Q 19	.469	.274	−.011	.295
Q 5	.454	.020	.006	.207
Q 10	.355	.204	−.036	.169
Q 8	.342	.140	−.001	.137
因子 II				
Q 20	−.271	.739	.090	.628
Q 17	−.162	.679	.305	.580
Q 21	.010	.644	.013	.415
Q 22	.108	.524	−.173	.316
Q 15	.374	.483	−.007	.373
Q 18	.343	.439	−.134	.328
因子 III				
Q 3	−.021	−.031	.715	.513
Q 2	−.060	.078	.407	.175
Q 1	.289	.029	.396	.241
α 係数	.869	.773	.490	

注）1. 因子抽出法：重み付けのない最小二乗法
　　2. 回転法：Kaiser の正規化を伴うプロマックス回転法，α は 9 回の反復で回転が収束した

0.869，因子 II「市場競争・相互提携に関する要因」は 0.773，因子 III「生産要素に関する要因」は 0.490，内的整合性のある因子を構成している。
(Guielford, 1965；Nunnally, 1978；De Vellis, 1991；Gay, 1992；Bryman and Cramer, 1997)

（4） 相関関係

海外生産シフトの理由（質問項目）と各因子との相関，また因子間相関について分析した結果は表5と表6のようになった。

表5の因子構造（相関関係）は，各因子の変化と各項目の回答の変化がどの程度の関係性があるのかを示すものである。そのなかでも，2項目は2つの因子に対する相関係数が0.5以上の値を示している。たとえば，Q17「パートナーや取引先の要請」，Q15「海外における生産の経済効果」という2

表 5 因子構造（相関係数）行列

番号	項 目 内 容	因子Ⅰ	因子Ⅱ	因子Ⅲ
Q 12	貿易障壁の回避	.736	.489	−.167
Q 13	輸出量の増大	.726	.387	.303
Q 6	海外生産拠点や営業ネットワークの確立	.707	.328	.391
Q 11	関税優待の享受	.706	.236	−.209
Q 7	生産効率の向上	.683	.055	−.080
Q 16	既存市場の拡大	.636	.474	−.076
Q 9	原材料取得の容易性	.608	.106	.144
Q 14	海外市場需要の魅力度	.590	.480	.015
Q 19	企業のイメージアップ	.506	.177	.042
Q 5	生産技術やマネジメントの改善	.463	.220	.016
Q 10	国際分業の目標達成	.444	.358	−.016
Q 8	コストダウンの実現	.403	.291	.014
Q 20	競争者・同業者の進出	.294	.649	.052
Q 17	パートナーや取引先の要請	.586	.647	.030
Q 21	グロバール化の進展	.143	.626	.343
Q 22	競争力の向上	.056	.625	.129
Q 15	海外における生産の経済効果	.533	.582	−.101
Q 18	現地化生産の趨勢	.335	.561	−.139
Q 3	土地の取得	−.020	.004	.712
Q 2	原材料の確保	−.018	.076	.411
Q 1	労働力の調達	.310	.180	.403

注）1．因子抽出法：重み付けのない最小二乗法
　　2．回転法：Kaiserの正規化を伴うプロマックス回転法

表 6 因子相関行列

因子	I	II	III
I	1.000	.440	.020
II	.440	1.000	.061
III	.020	.061	1.000

注）1．因子抽出法：重み付けのない最小二乗法
　　2．回転法：Kaiser の正規化を伴うプロマックス回転法

項目は，第 I，II の因子に対する相関係数とも 0.5 以上の値を示している（順に，Q 17：0.586, 0.647；Q 15：0.533, 0.582）。それは，競争相手や同業者と同時に進出する，あるいは自社のパートナー・取引先と提携して進出するなどを含めた因子 II「市場競争・相互提携に関する要因」を実行すれば，因子 I「市場獲得・拡大に関する要因」における進出先である中国国内需要の市場獲得・拡大に加えて，グローバル市場への輸出拠点としても競争力を上げることが実現しやすくなるものと考えられるからである。因子 II「市場競争・相互提携に関する要因」が高く評価され，同時に因子 I「市場獲得・拡大に関する要因」も高い評価を受けており，そのために，Q 17「パートナーや取引先の要請」と Q 15「海外における生産の経済効果」の 2 項目の回答との相関係数が高くなっている。

　したがって，因子間相関があるかどうかについては，「プロマックス回転」によって抽出された因子の間には相関があることになり，その因子間相関係数表は表 6 のとおりである。因子 I「市場獲得・拡大に関する要因」と因子 II「市場競争・相互提携に関する要因」の間の相関係数が 0.440 ということがわかったが，それは，因子 I「市場獲得・拡大に関する要因」と因子 II「市場競争・相互提携に関する要因」の間には，相関があるからだと思われる。つまり，因子 II「市場競争・相互提携に関する要因」に関する実行の成果が高くなるにしたがい，因子 I「市場獲得・拡大に関する要因」に対する実現可能性の評価も変わるのである。

なお，因子Ⅰ「市場獲得・拡大に関する要因」に対する多くの項目（9項目）の相関係数が高くなり，因子Ⅰ「市場獲得・拡大に関する要因」が海外生産シフトのもっとも重要な原因となることから，台湾のIT企業の海外生産へのシフトに対する考え方が明らかに読み取られる。

5 考 察

前記の分析結果と既存研究をふまえて，台湾IT企業が海外生産にシフトした原因を整理・考察すると，以下のように総括することができる。

（1） 市場獲得・拡大に関する要因

因子Ⅰ「市場獲得・拡大に関する要因」において，台湾のIT企業が海外生産を推進する理由はどこにあるのか。分析結果によれば，「貿易障壁を回避し既存市場を拡大するため」を理由とする項目との関連が圧倒的に多い（順に，Q12, Q13, Q16, Q11）。それ以外に，「進出先の市場が成長している」や「海外需要の魅力度が増した」などの理由に関する項目（Q6, Q7, Q14）があげられる。

世界のPC需要量の約40％を占めるアメリカ市場が，2000年の夏以降，IT製品売上げの悪化と家庭へのPC普及の一巡によりマイナス成長となったことを背景として，世界のIT産業の市場は縮小に陥っている。2002年に入って，最悪期は脱しつつあるものの，回復感に乏しい展開が続いている（*World Semiconductor Trade Statistics, WSTS*：『世界半導体市場統計』2002）。このように，アメリカをはじめ，先進国においてはIT製品が一定の普及率に達していることを考えると，今後，その需要の伸長は限界にあるとみるべきであろう。そのため，台湾に多いファウンドリ事業は，世界的な不況に伴う設備余剰の影響をまともに受け，稼働率が大幅に落ち込んでいる。将来を展望しても，今後の推定市場規模が2000年のようなレベルに達することはないとされ，短期間内に再び大きく成長することは期待できない状況にある（*WSTS*, 2002）。

このように先進国の市場を中心に全体的に先行きの暗いIT産業であるが，例外的に急成長を実現しているのが中国市場である。PCについても家庭への普及が始まったことで，2001年の市場成長率はプラス27％となっており，今後，華南沿岸・大都市を中心に市場が拡大することが期待される。中国でPCなどのIT製品需要量が急成長していることは，台湾のIT企業による中国への急激な工場移転が背景にある。

（2） 市場競争・相互提携に関する要因

因子II「市場競争・相互提携に関する要因」においては，「競争相手・同業者が既に進出したから」といった理由に関する項目がもっとも多く（順に，Q 20, Q 21, Q 22），「パートナーや取引先の要請」（Q 17），「海外における生産の経済効果」（Q 15）などの理由と，組合わせたものとなっている。

台湾は，従来，日系をはじめとする外資企業にとって立地環境のきわめて良好な生産拠点であった。と同時に，台湾のIT企業は，世界市場のなかで成長する製品分野を発掘し，いち早くその生産拠点となって，競争力を失った製品分野と入れ換えることを企業戦略の中核に据えてきた。したがって，台湾のIT企業にとって，商品化技術を含めた技術開発は台湾の工業技術研究院やIBMなどの外国大手企業に依存することが一般的であり，生産面では委託生産（OEM）を中心とする経営戦略であった。しかしながら，産業構造の変化や中国の台頭を受け，その戦略が中国での生産シフト策に変わりつつある。中国への生産拠点の移転がより顕著な企業は，この数年半導体生産の上位2社，TSMC（Taiwan Semiconductor Manufacturing Company）とUMC（United Microelectronics Corporation）であるが，両社は，台湾政府当局に中国に対する規制緩和を強く要請しているが，それのできない比較劣位にある下位の業者は，生き残りのためにパートナーや取引先と組む手法で第三国を経由して中国に工場を建設するとともに，経営機能をもつ合弁会社や子会社を設立した例が少なくない。現時点で，中国に移転しているのは主に製造部門であり，対象製品としては台湾国内の生産ではコスト的に見合わ

ない製品，低コスト生産のメリットを享受できる製品，取引先向けに現地生産で対応する必要がある製品，などとなっている（表2参照）。

（3） 生産要素に関する要因

分析した結果では，因子Ⅲ「生産要素に関する要因」のなかで，「労働力の調達」（Q1），「土地の取得」（Q3）などの理由があげられている。それは，労働コストが中国ではきわめて有利で，また外資企業が中国国内に設置する工場にかかる土地などの税制特別措置がある，といったメリットが背景にあった。

しかし一方で，中国へ投入した資金の面について，その収益を移転価格などを活用してタックスヘイブンの投資会社に蓄積し，台湾には還流，再投資されることが少ないといったマイナス面もある。また，現在，中国に進出している台湾企業の多くは，現地での販売代金や投資資金の回収に不安を抱えており，販売先や調達先が台湾企業である場合，資金決済は，第三国の中国出資会社同士で完結させ，中国にはできるだけ資金を流さないところも少なくない。原因を追究してみると，中国の政治システムに対する不安があるようにも推測される。中国における生産拠点はあくまで「組立工場」として位置づけをし，現地における資金決済はできるだけ人件費等最小限のものにとどめるというのが本音のようである。

5　おわりに

本稿の分析では，台湾のIT企業の生産拠点を海外へ移行した要因には因子Ⅰ「市場獲得・拡大に関する要因」，因子Ⅱ「市場競争・相互提携に関する要因」，因子Ⅲ「生産要素に関する要因」の三つの因子が抽出され，また，それぞれの海外生産シフトの理由（質問項目）と因子との相関および因子間相関は高いことが明らかになっている。したがって，台湾のIT企業が中国に生産をシフトした理由は，土地や労働力などといったメリットに限らず，それらを利用して進出先である中国の国内市場の獲得，台湾への逆輸入と第

三国への輸出など，市場拡大を目指すことにあることが分かる。

しかし，中国の安価な労働力を利用したり中国市場や資源の獲得，また新たな貿易障壁を飛び越えることを目的とした輸出や逆輸入の拡大要因は，確かに生産・経営の面にプラス効果を与える可能性が高いが，台湾のIT企業が中国の資源や市場を確保するために生産拠点を中国に移転することは，台湾経済や国内生産の全体にマイナスの影響をもたらすことは避けられないであろう。

今後，台湾の産業空洞化の進展は，新たな産業政策を整備しないかぎり，生産拠点の海外移転による産業構造の変化，すなわち国内生産の縮小とそれに伴う労働者の余剰化による失業率の上昇や資本，技術の流出などの問題に直結せざるをえない。そのため，台湾の主流産業であるIT産業が台湾全体の持続的な経済発展を支えるには，技術の革新，雇用の維持，財源の確保など，台湾経済のマイナス化を阻止する諸要因と，国際的な視点に立った経営形態，資材調達，製品戦略など，台湾IT産業におけるグローバル経営戦略とその管理を追究すべきであり，より詳しい分析が課題となるであろう。

〈注〉
1) Singh, A. (1977) "UK Industry and the Word Economy : A case of De-industrialization?" *Cambridge journal of Economics*, 1 (2). pp. 113-116.
2) Frank, R. H. and R. T. Freeman (1978) *Distributional Consequences of Direct Investment*, Academic Press, pp. 51-56.
3) Special Issue (1986) "The Hollow Corporation", *Bussiness Week*, March, p. 53.
4) 若杉隆平 (1987)「産業の『空洞化』は到来するのか―実証分析に基づく日米比較」『経済セミナー』1月号　日本評論社
5) 小島清 (1989)『海外直接投資のマクロ分析』文眞堂　pp. 53-64
6) 伊藤元重・通産省通商産業研究所編著 (1994)『貿易黒字の誤解』東洋経済新報社　pp. 335-356
7) 原正行 (1992)『海外直接投資と日本経済』有斐閣　pp. 43-54
8) 渡辺幸男 (1993)「産業は空洞化するのか」『商工金融』10号　商工総合研究所

9) 中村吉明・渋谷稔（1994）「空洞化現象とは何か」『通商産業省通商産業研究所研究シリーズ』第23号　通商産業省
10) 井沢良智（1996）『日本企業グローバル化の構図』学文社　pp. 249-270
11) 深尾京司（1997）「直接投資とマクロ経済」『経済研究』第48巻第3号　pp. 227-43
12) 天野倫文（2002）「海外生産シフトと事業・雇用の構造調整」『国際ビジネス研究学会年報』国際ビジネス研究学会　pp. 25-48
13) Clark, C. (1957) *The Conditions of Economic Progress*, 3 ed., London: Macmillan.
14) Vernon, R. (1966) "International Investment and International Trade in the Product Cycle," *Quarterly Journal of Economics*, May.

〈参考文献〉

朝元照雄（1996）『現代台湾経済分析』勁草書房
朝元照雄・劉文甫編著（2001）『台湾の経済開発政策』勁草書房
伊藤元重・清野一治・奥野正寛・鈴木興太郎（1992）『産業政策の経済分析』東京大学出版会
伊藤元重・鶴田俊正（2001）『日本産業構造論』NTT出版
植草益・山脇秀樹編（1995）「日本の産業組織」『輸出，直接投資と国際競争』有斐閣
江夏健一・桑名義晴編（2001）『国際ビジネス』同文館
江藤勝・宮川努・若林光次・稲垣克芳・内田幸男（1997）『産業構造の変化・産業空洞化と日本経済』通商産業省通商産業研究所
大阪市立大学商学部編（2001）『産業』有斐閣
朴永佶（1999）「韓国の経済的構造変化と雁行形態型的発展」『経済学研究論集』第11号　明治大学大学院政治経済学研究科　pp. 19-20
藤森英男編（1990）『アジア諸国の産業政策』アジア経済研究所
深尾京司（1995）「日本企業の海外生産活動と国内労働」『日本労働研究雑誌』第424号
吉原英樹編（2002）『国際経営論への招待』有斐閣
野村総合研究所編（1996）『アジア諸国の産業発展戦略』野村総合研究所
Glickman, N. J. and D. P. Woodward (1989) *The New Competitors: How Foreign Investors Are Changing the US Economy*, New York, Basic Books.
Granstrand, H. and Sjolander (1993) "Internationalization of R & D: A Survey of Some Recent Research," *Research Policy*, 22, pp. 413-430.

World Semiconductor Trade Statistics (2002) *Blue Book 2002*, WSTS.
World Semiconductor Trade Statistics (2002) *Green Book*, WSTS.
林建生 (1995)「対外投資と産業空洞化」『台湾経済月刊』3月　pp. 24-32
劉進慶・隅谷三喜男 (1992)『台湾の経済』東京大学出版会
呉惠林 (1997)「海外投資と産業空洞化」『輸出入金融』11月　pp. 2-6
謝寛裕 (1999)「台湾産業外移と産業空洞化の検験」『台湾経済金融月刊』第35巻第8期　台湾銀行　pp. 41-42
高希均・李誠編　小林幹夫・塚越敏彦訳 (1993)『台湾の四十年』連合出版
蔡宗義 (1993)「台湾の経済発展と産業構造の変遷」『台湾経済研究院月刊』第4巻第6期　台湾経済研究院
呉惠林 (1985)「台湾地区の経済発展過程における産業構造の変動分析」『企銀季刊』第8巻第3期　台湾企業銀行経済研究室
周添城・呉惠林 (1990)「産業構造変換と産業空洞化」『自由中国之工業』第74巻第4期　経済建設委員会
薛立敏・杜英儀 (1992)「台湾製造業の産業高度化の状況を評估」『経済前瞻』第7巻第3期　経済前瞻出版社

On the Nature of Business Management

Takenori SAITOH

The purpose of this paper is to describe the nature of business management from viewpoint of the purposes of this association. The following are asserted: (1) Case studies and consulting established managerial practices are essential business managerial methods. (2) To recognize the detailed differences in managerial practices between and among business enterprises must be emphasized in business management. (3) Adherence to sound managerial practices ("shutaiteki jissensei") or managerial orientation ("keieisuru to iu kangaekata") is especially important for business management. (4) Business management based on big business must be readjusted to solve problems in small businesses, public administration, NPOs, etc.

Amenity as a Source of Competitive Advantage

Masatoshi KOJIMA

The sources of competitive advantage undergo furious changes, which hatches opportunities of innovation. Advantages of existing business methods fade away under those conditions gradually and the gaps between market environments and business system request innovations. This paper comes up with the new concept of Amenity as a source of competitive advantage.

Human Resource Management Changes for Corporate Professionals

Kiyoshi MIYASHITA

The purpose of the study is to discuss the significance of corporate professionals and to propose how to adjust properly human resource management to vitalize corporate professionals. In the nineties, knowledge instead of production technology came to be regarded as the source of competitive advantage for businesses. This means that professionals who handle knowledge are becoming more important for future management. To analyze ideal management systems, research and interviews of HR managers are conducted. Job specialties and their evaluation are also important issues to consider in a proper management system for professionals. Japanese corporations such as Casio, Nippon Roche and Nichirei have already introduced advanced HR systems for corporate professionals. Based on the survey, top directions, HR systems, and organizational support for job-specialties are found to be important factors for management in taking advantage of the specialties of corporate professionals.

Corporate Governance and Top Management Problems

Takashi AOKI

Discussions on corporate governance have intensified in advanced countries since the nineties. Corporate governance problems have derived chiefly from corporate scandals. The author, however, thinks that corporate governance problems refer not to the corporate governance system but to the manager. This is because the manager himself decides the right or wrong of the corporate governance system. If the corporate governance system could be organized as a sound, efficient managerial mechanism, corporate scandals would disappear and corporate competitiveness would be promoted.

Keywords : Corporate governance, top management, concept of the firm, corporate scandals, corporate competitiveness

Mobility in a Company as a Reward

Akinori ISHIGE

The purpose of this paper is to consider the meaning of career or mobility in a company, especially as the meaning of a reward. I paid attention to the mobility to the center of a company, so I tried to explain empirically the role of combination of promotion and mobility to the center.

Consequently, it became clear that considerable practical use of the movement in the mobility to the center is carried out in a company and that promotion and the mobility to the center is used alternatively. This has suggested being used as what has the substitution-character of promotion while movement in the mobility of the center has the meaning as reward like promotion. The mobility to the center is alternative of promotion as a reward without the increase in cost or decline in organization efficiency moreover.

Entrepreneurial Decision-Making in the Development of New Ventures

Hiromu ONOSE

 The survival and continuation of new ventures are clarified from the viewpoint of corporate culture. As a new venture grows, its culture is communicated by entrepreneurs. The presence of an authoritarian entrepreneur often creates failure in the continuation of the corporation and in the establishment of a succeeding new business. In a successful new venture, responsibility and authority are transferred to the lower echelons. The situation the entrepreneur communicates to employees is a mutual affair. After the business becomes successful by the entrepreneur's efforts, he controls decision-making. He fulfills his role in managerial leadership, but not in entrepreneurship. His innovative vision is communicated to his employees. Thus in the developmental stage, entrepreneurs are absorbed in management and employees pursue innovative thinking. This in the new organization creates a new corporate culture.

Corporate Governance Reform in South Korea : Reform conditions, issues and estimation

Jae-Suk KIM

The purpose of this study is to examine the state of corporate governance reform in South Korea. Emphasized are the issues faced in reform. The concern with corporate governance problems in Korean firms has been growing since the financial crisis of 1997. The central problem of corporate governance in Korean is the lack of a monitoring system by boards of directors and auditors. Problematical are the lack of oversight by shareholders, the expropriation of minority shareholders' interests by controlling shareholders/owner-managers, and the lack of managerial transparency. In order to solve these problems, an initiative has been instituted to reform corporate governance practices. The related laws and regulations have been adjusted to improve the nation's corporate governance system. So far, however, no significant improvement in performances is visible. This is manifest, although gradually the reform's reinforcement of minority shareholders' rights, the increased responsibility of controlling shareholders, amendments to boards of directors and audit committees, disclosures, etc. have successfully been achieved. During the five years since reforms began, there has been an increase in the profitability of listed firms. This is at least partially thought to be the result of the reform initiative.

Taiwan's Industrial Hollowing-Out : A Factor Analysis of the Information Technology Industry's Global Production Shift

Kao Tzu Yorn

The acquisition of Chinese production sites by Taiwan's major information technology enterprises is increasing rapidly. The possible causes include market-share acquisition in China's huge market, low-priced manpower with minimal governmental regulation, and the rapid hollowing-out of Taiwan's information technology industry. This paper focuses on summarizing the hollowing-out phenomenon seen in Japan and the West, understanding the present condition of the Taiwanese economy, and pinpointing the causes of offshore production shifts, especially into China. Used as a base is a questionnaire survey sent to information technology enterprises. Factors extracted by analysis were: there exists a high correlation between the questionnaire item and each factor, and the factors have a mutual correlation. The result will be a reference to assisting the information technology industry of Taiwan effectively improve its international business policies.

MANAGEMENT DEVELOPMENT
Frontiers in Business Management

No. 7 March 2004

Edited by Nippon Academy of Management Education (NAME)
2-1-45 Kanda Surugadai, Chiyoda-ku, New Surugadai Bldg., 7F

CONTENS

On the Nature of Business Management ················Takenori SAITOH	1
Amenity as a Source of Competitive Advantage ······Masatoshi KOJIMA	17
Human Resource Management Changes for Corporate Professionals ···Kiyoshi MIYASHITA	33
Corporate Governance and Top Management Problems ···Takashi AOKI	49
Mobility in a Company as a Reward ·······················Akinori ISHIGE	81
Entrepreneurial Decision-Making in the Development of New Ventures ···Hiromu ONOSE	99
Corporate Governance Reform in South Korea : Reform conditions, issues and estimation ················Jae-Suk KIM	119
Taiwan's Industrial Hollowing-Out : A Factor Analysis of the Information Technology Industry's Global Production Shift ········Kao Tzu Yorn	143

「編集後記」にかえて

　日本経営教育学会機関紙第7号『企業経営のフロンティア』が出来上がりました。
　この第7号は，当初原稿の集まりが悪く，編集委員会としてやや心配な出だしではありましたが，締め切り近くになって多数の投稿があり，最終的な応募数は11篇となりました。ただ，残念ながらそのうち2篇が審査の結果不採択となり，また2篇が執筆者の希望もあって，次号へ廻ることとなりました。本号の作成にあたり，面倒な審査をお引き受けくださった審査委員の先生方にまずは厚く御礼申し上げます。
　本号を編集するに当たって，とくに感じましたのは，目次を見ていただいてお分かりのように，執筆領域が多岐にわたっていることです。このことは，現在の企業経営が変革期にあり，また新しくかつ多様な課題を抱えていることの現れであるといえましょう。このことは，本号の表題にも現れているとおりです。この意味で審査の先生方に多大なご尽力を頂きましたが，いくつかの論文においては評価が分かれる結果ともなりました。それゆえに，審査と再審査との間で思いがけず時間がかかり，各方面にご迷惑をおかけいたしましたことをお詫び申し上げます。
　さて今回は，本学会副会長の齊藤毅憲先生にご執筆をお願いいたしました。先生の「経営学をいかに考えるか」は，先生が日頃より熟考されていた経営学に関わる根本的なテーマであり，会員はもとより，ぜひとも広く読まれることを希望するものです。
　本年度の編集に当たり，中村久人編集副委員長はじめ，編集委員の先生方には大変お世話になりました。御礼申し上げます。また，原稿の遅れにも微

動だにせず，どっしりと構えられた学文社の田中千津子社長に心より感謝申し上げます。あわせて，最後になりましたが面倒な事務処理を引き受けて下さった(財)企業経営通信学院の佐久間里加さんと柳沼孝治さんに感謝申し上げます。

2004年2月

日本経営教育学会機関誌編集委員会

編集委員長　大平浩二

日本経営教育学会機関誌編集委員会
編集委員長　大平　浩二
編集副委員長　中村　久人
編集委員　武内　成　　半谷　俊彦
　　　　　樋口　弘夫
事務所　佐久間里加
〒151-8555　東京都千代田区神田駿河台
　　　　　2-1-45　ニュー駿河台ビル7F
　　　　　（財）企業経営通信学院内

経営教育研究 7──企業経営のフロンティア

2004年3月30日発行

編　者　日本経営教育学会 ©
　　　　機関誌編集委員会
発行所　（株）学文社
発行者　田中　千津子
〒153-0064　東京都目黒区下目黒3-6-1
　　　　　Tel. 03-3715-1501　Fax. 03-3715-2012
　　　　　http://www.gakubunsha.com

ISBN 4-7620-1305-6

© 2004 NAME Printed in Japan

日本経営教育学会創立20周年記念論文集 第1巻 森本三男編 **実践経営の課題と経営教育** A5判 315頁 本体 3500円	山城章らによる実践経営学方法論の今日的意義と展開、また文化・倫理・組織・戦略という経営体の基本問題を実践経営学的に検討。大学、企業などでの経営教育の課題と具体的方策をさぐった。 0910-5 C3034
日本経営教育学会創立20周年記念論文集 第2巻 森本三男編 **多次元的経営環境と経営教育** A5判 303頁 本体 3500円	経営環境の多様化と激動にともない、対象別・分野別等に区分した経営教育の各論が当たる問題点・あり方を論じる。国際化・環境問題など、今日的な経営教育の課題にかなえる筋書きをもとめた。 0911-3 C3034
日本経営教育学会編 **大競争時代の日本の経営** A5判 159頁 本体 2000円	〔経営教育研究1〕わけても近況に問われている日本経営の諸問題を、実務家を交え多岐にわたり論考。森本三男・藤芳誠一・工藤秀幸・村山元英・鎌田篤造・西澤脩・関口功・河口弘雄・戸田昭直。 0803-6 C3334
日本経営教育学会編 **日本企業の多様化する経営課題** A5判 172頁 本体 2000円	〔経営教育研究2〕産学一体で経営学を実践学の見地から、今般の日本企業の課題にあたる。鈴木哲夫・芳川順一・芹沢良智・根本孝・柳下孝義・吉野有助・山中伸彦・佐伯雅哉・立川丈夫。 0860-5 C3334
日本経営教育学会編 **21世紀の経営教育** A5判 174頁 本体 2000円	〔経営教育研究3〕21世紀をにらんだ多角的経営教育論集。花房正義・河野大機・小川英次・小林惟司・菊池敏夫・小椋康宏・稲山耕司・酒井一郎・池田玲子・川口恵一・権藤説子・斎藤毅憲・佐々徹。 0935-0 C3334
日本経営教育学会編 **経営の新課題と人材育成** A5判 182頁 本体 2000円	〔経営教育研究4〕真の意味での実践経営学、経営教育のため、経営者・経営学者の分け隔てなく粋を集めた。河野重榮・佐伯雅哉・牧野勝都・山崎和邦・中村公一・鈴木岩行・古市承治・西田芳彪。 1044-8 C3334
日本経営教育学会編 **新企業体制と経営者育成** A5判 208頁 本体 2000円	〔経営教育研究5〕経営技能の特性を前提としたケース・メソッド、ベンチャー・ビジネスとファミリー・ビジネス、日本のコーポレート・ガバナンス原則などの投稿論文集。 1120-7 C3334
日本経営教育学会編 **経営実践と経営教育理論** A5判 208頁 本体 2000円	〔経営教育研究6〕「経営者育成に関する経営学的考察—企業価値創造との関連で—」ほか8編を収録。小椋康宏・辻村宏和・佐伯雅哉・原口恭彦・八杉哲・松本健児・作野誠・小島大徳・徐陽。 1194-0 C3334